我只爱过一个正当年龄的你

沈从文 著

中国友谊出版公司

图书在版编目（CIP）数据

我只爱过一个正当年龄的你 / 沈从文著. -- 北京：中国友谊出版公司, 2017.4

ISBN 978-7-5057-4026-6

Ⅰ. ①我… Ⅱ. ①沈… Ⅲ. ①中篇小说－小说集－中国－现代②短篇小说－小说集－中国－现代 Ⅳ. ①I246.7

中国版本图书馆CIP数据核字（2017）第081833号

书名 我只爱过一个正当年龄的你
著者 沈从文
出版 中国友谊出版公司
发行 中国友谊出版公司
经销 北京时代华语国际传媒股份有限公司 010-83670231
印刷 三河市宏图印务有限公司
规格 787 × 1092 毫米 32 开
9 印张 200 千字
版次 2017 年 6 月第 1 版
印次 2017 年 6 月第 1 次印刷
书号 ISBN 978-7-5057-4026-6
定价 39.80 元
地址 北京市朝阳区西坝河南里 17-1 号楼
邮编 100028
电话 （010）64668676

不折不从，亦慈亦让；
星斗其文，赤子其人。

谨以此书致敬凤凰城水边的老先生

CONTENTS

目　录

丈夫

他要见见媳妇的面了，自己便换了一身浆洗干净的衣服，腰带上挂了那个工作时常不离口的短烟袋，背了整箩整篓的红薯糍粑之类……他轻轻的唱了一首山歌：“水涨了，鲤鱼上梁，大的有大草鞋那么大，小的有小草鞋那么小。”

落了春雨，一共有七天，河水涨大了。

河中涨了水，平常时节泊在河滩的烟船妓船，离岸极近，船皆系在吊脚楼下的支柱上。

在四海春茶馆楼上喝茶的闲汉子，伏身在临河一面窗口，可以望到对河的宝塔“烟雨红桃”好景致，也可以知道船上妇人陪客烧烟的情形。因为那么近，上下都方便，有喊熟人的声音，从上面或从下面喊叫，到后是互相见到了，谈话了，取了亲昵样子，骂着野话粗话，于是楼上人会了茶钱，从湿而发臭的甬道走去，从那些肮脏地方走到船上了。

上了船，花钱半元到五块，随心所欲吃烟睡觉，同妇人毫无拘束的放肆取乐，这些在船上生活的大臀肥身年青女人，就用一个妇人的好处，服侍男子过夜。

船上人，她们把这件事也像其余地方一样称呼，这叫做“生意”。她们都是做生意而来的。在名分上，那名称与别的工作同样，既不与道德相冲突，也并不违反健康。她们从乡下来，从那些种田挖园的人家，离了乡村，离了石磨同小牛，离了那年青而强健的丈夫，跟随到一个熟人，就来到这船上做生意了。做了生意，慢慢的变成为城市里人，慢慢的与乡村离远，慢慢的学会了一些只有城市里才需要的恶德，于是这妇人就毁了。但那毁，是慢慢的，因为需要一些日子，所以谁也不去注意了。而且也仍然不缺少在任何情形下还依然会好好的保留着那乡村纯朴气质的妇人，所以在市的小河妓船上，决不会缺少年青女子的来路。

事情非常简单，一个不亟亟于生养孩子的妇人，到了城市，能够每月把从城市里两个晚上所得的钱，送给那留在乡下诚实耐劳种田为生的丈夫处去，在那方面就可以过了好日子，名分不失，利益存在，所以许多年青的丈夫，在娶妻以后，把妻送出来，自己留在家中耕田种地安分过日子，也竟是极其平常的事。

这种丈夫，到什么时候，想及那在船上做生意的年青的媳妇，或逢年过节，照规矩要见见媳妇的面了，自己便换了一身浆洗干净的衣服，腰带上挂了那个工作时常不离口的短烟袋，背了整箩整篓的红薯糍粑之类，赶到市上来，像访远亲一样，从码头第一号船上问起，一直到认出自己女人所在的船上为止。问明白了，到了船上，小心小心的把一双布鞋放到舱外护板上，把带来的东西交给了女人，一面便用着吃惊的眼睛，搜索女人的全身。这时节，女人在丈夫眼下自然已完全不同了。

大而油光的发髻，用小镊子扯成的细细眉毛，脸上的白粉同绯红胭脂，以及那城市里人神气派头，城市里人的衣裳，都一定使从乡下来的丈夫感到极大的惊讶，有点手足无措。那呆像是女人很容易清楚的。女人到后开了口，或者问："那次五块钱得了么？"或者问："我们那对猪养儿子了没有？"女人说话时口音自然也完全不同了，变成像城市里做太太的大方自由，完全不是在乡下做媳妇的神气了。

听女人问到钱，问到家乡豢养的猪，这作丈夫的看出自己做主人的身份，并不在这船上失去，看出这城里奶奶还不完全忘记乡下，胆子大了一点，慢慢的摸出烟管同火镰。第二次惊讶，是烟管忽然被女人夺去，即刻在那粗而厚大的掌握里，塞了一枝哈德门香烟的缘故。吃惊也仍然是暂时的事，于是这做丈夫的，一面吸烟一面谈话，……

到了晚上，吃过晚饭，仍然在吸那有新鲜趣味的香烟。来了客，一个船主或一个商人，穿生牛皮长统靴子，抱兜一角露出粗而发亮的银链，喝过一肚子烧酒，摇摇荡荡的上了船。

一上船就大声的嚷要亲嘴要睡，那洪大而含糊的声音，那势派，都使这作丈夫的想起了村长同乡绅那些大人物的威风，于是这丈夫不必指点，也就知道怯生生的往后舱钻去，躲到那后梢舱上去低低的喘气，一面把含在口上那枝卷烟摘下来，毫无目的的眺望河中暮景。夜把河上改变了，岸上河上已经全是灯火，这丈夫到这时节一定要想起家里的鸡同小猪，仿佛那些小小东西才是自己的朋友，仿佛那些才是亲人，如今与妻接近，与家庭却离得很远，淡淡的寂寞袭上了身，他愿意转去了。

当真转去没有？不。三十里路路上有豺狗，有野猫，有查夜的放哨的团丁，全是不好惹的东西，转去自然做不到。船上的大娘自然还得留他上三元宫看夜戏，到四海春去喝清茶，并且既然到了市上，大街上的灯同城市中的人更不可不去看看。于是留下了，坐到后舱看河中景致，等候大娘的空暇。到后要上岸了，就由小阳桥上扳篷架到船头；玩过后，仍然由那旧地方转到船上，小心小心使声音放轻，省得留在舱里躺到床上烧烟的人发怒。

到要睡觉的时候，城里起了更，西梁山上的更鼓咚咚响了一会，悄悄的从板缝里看看客人还不走，丈夫没有什么话可说，就在梢舱上新棉絮里一个人睡了。半夜里，或者已睡着，或者还在胡思乱想，那媳妇抽空爬过了后舱，问是不是想吃一点糖。本来非常欢喜口含冰糖的脾气，是做媳妇的记得清楚明白，所以即或说已经睡觉，已经吃过，也仍然还是塞了一小片冰糖在口里。媳妇用着略略抱怨自己那种神气走去了，丈夫把冰糖含在口里，正像仅仅为了这一点理由，就得原谅媳妇的行为，尽她在前舱陪客，自己也仍然很和平的睡觉了。

这样的丈夫在黄庄多着，那里出强健女子同忠厚男人。地方实在太穷了，一点点收成照例要被上面的人拿去一大半，手足贴地的乡下人，任你如何勤省耐劳的干做，一年中四分之一时间，即或用红薯叶子拌和糠灰充饥，总还不容易对付下去。地方虽在山中，离大河码头只三十里，由于习惯，女子出乡讨生活，男人通明白这做生意的一切利益。他懂事，女子名分上仍然归他，养得儿子归他，有了钱，也总有一部分归他。

那些船排列在河下，一个陌生人，数来数去是永远无法数清的。明白这数目，而且明白那秩序，记忆得出每一个船与摇船人样子，是五区一个老水保。

水保是个独眼睛的人。这独眼就据说在年青时节因殴斗杀过一个水上恶人，因为杀人，同时也就被人把眼睛抠瞎了。

但两只眼睛不能分明的，他一只眼睛却办到了。一个河里都由他管事。他的权力在这些小船上，比一个中国的皇帝、总统在地面上的权力还统一集中。

涨了河水，水保比平时似乎忙多了。由于责任，他得各处去看看。是不是有些船上做父母的上了岸，小孩子在哭奶了。是不是有些船上在吵架，需要排难解纷。是不是有些船因照料无人，有溜去的危险。在今天，这位大爷，并且要到各处去调查一些从岸上发生影响到了水面的事情。岸上这几天来发生三次小抢案，据公安局那方面人说，是凡地上小缝小罅都找寻到了，还是毫无痕迹。地上小缝小罅都亏那些体面的在职人员找过，于是水保的责任便到了。他得了通知，就是那些说谎话的公安局办事处通知，要他到半夜会同水面武装警察上船去搜索“歹人”。

水保得到这个消息时是上半天。一个整白天他要做许多事。他要先尽一些从平日受人款待好酒好肉而来的义务了，于是沿了河岸，从第一号船起始，每个船上去谈谈话。他得先调查一下，问问这船上是不是留容得有不端正的外乡人。

做水保的人照例是水上一霸，凡是属于水面上的事他无有不知。这人本来就是一个吃水上饭的人，是立于法律同官府对面，按照习惯被官吏来利用，处治这水上一切的。但人一上了年纪，世界成天变，变去变来这人有了钱，成过家，喝点酒，生儿育女，生活安舒，这人慢慢的转成一个和平正直的人了。在职务上帮助了官府，在感情上却亲近了船家。在这些情形上面他建设了一个道德的模范。他受人尊敬不下于官，却不让人害怕讨厌。他做了河船上许多妓女的干爹。由于这些社会习惯的联系，他的行为处事是靠在水上人一边的。

他这时正从一个木跳板上跃到一只新油漆过的“花船”头，那船位置在较清静的一家莲子铺吊脚楼下。他认得这只船归谁管，一上船就喊“七丫头”。

没有声音。年青的女人不见出来，年老的掌班也不见出来。老年人很懂事情，以为或者是大白天有年青男子上船做呆事，就站在船头眺望，等了一会。

过一阵他又喊了两声，又喊伯妈，喊五多；五多是船上的小毛头，年纪十二岁，人很瘦，声音尖锐，平时大人上了岸就守船，买东西煮饭，常常挨打，爱哭，过一会儿又唱起小调来。但是喊过五多后，也仍然得不到结果。因为听到舱里又似乎实在有声音，像人出气，不像全上了岸，也不像全在做梦。水保就钩身窥觑舱口，向暗处询问是谁在里面。

里面还是不作答。

水保有点生气了，大声的问："你是哪一个？"

里面一个很生疏的男子声音，又虚又怯回答说："是我。"

接着又说："都上岸去了。"

"都上岸了么？"

"上岸了。她们……"

好像单单是这样答应，还深恐开罪了来人，这时觉得有一点义务要尽了，这男子于是从暗处爬出来，在舱口，小心小心扳到篷架，非常拘束的望到来人。

先是望到那一对峨然巍然似乎是为柿油涂过的猪皮靴子，上去一点是一个赭色柔软麂皮抱兜，再上去是一双回环抱着的毛手，满是青筋黄毛，手上有颗其大无比的黄金戒指，再上去才是一块正四方形像是无数橘子皮拼合而成的脸膛。

这男子，明白这是有身分的主顾了，就学到城市里人说话，说："大爷，您请里面坐坐，她们就回来。"

从那说话的声音，以及干浆衣服的风味上，这水保一望就明白这个人是才从乡下来的种田人。本来女人不在就想走，但年青人忽然使他发生了兴味，他留着了。

"你从什么地方来的？"他问他，为了不使人拘束，水保取得是做父亲的和平样子，望到这年青人。"我认不得你。"

他想了一下，好像也并不认得客人，就回答："我昨天来的。"

"乡下麦子抽穗了没有？"

"麦子吗？水碾子前我们那麦子，哈，我们那猪，哈，我们那……"

这个人，像是忽然明白了答非所问，记起了自己是同一个有身分的城里人说话，不应当说"我们"，不应当说我们"水碾子"同"猪"，把字眼用错，所以再也接不下去了。

因为不说话，他就怯怯的望到水保笑，他要人了解他，原谅他——他是个正派人，并不敢有意张三拿四。

水保是懂这个意思的。且在这对话中，明白这是船上人的亲戚了，他问年青人，"老七到什么地方去了，什么时候可以回来？"

这时节，这年青人答语小心了。他仍然说：“是昨天来的。”

他又告水保，他“昨天晚上来的”。末了才说，老七同掌班、五多上岸烧香去了，要他守船。因为守船必得把守船身分说出，他还告给了水保，他是老七的“汉子”。

因为老七平常喊水保都喊干爹，这干爹第一次认识了女婿，不必挽留，再说了几句，不到一会儿，两人皆爬进舱中了。

舱中有个小小床铺，床上有锦绸同红色印花洋布铺盖，摺叠得整整齐齐。来客照规矩应当坐在床沿。光线从舱口来，所以在外面以为舱中极黑，在里面却一切分明。

年青人为客找烟卷，找自来火，毛脚毛手打翻了身边一个贮栗子的小坛子，圆而发乌金光泽的板栗在薄明的船舱里各处滚去，年青人各处用手去捕捉，仍然放到小坛中去，也不知道应当请客人吃点东西。但客人却毫不客气，从舱板上把栗拾起咬破了吃，且说这风干的栗子真好。

“这个很好，你不欢喜么？”因为水保见到主人并不剥栗子吃。

“我欢喜。这是我屋后栗树上长的。去年结了好多，乖乖的从刺球里爆出来，我欢喜。”他笑了，近于提到自己儿子模样，很高兴说这个话。

“这样大栗子不容易得到。”

“我一个一个选出来的。”

“你选？”

“是的，因为老七欢喜吃这个，我才留下来。”

“你们那里可有猴栗？”

“什么猴栗？”

水保就把故事所说的“猴子在大山上住，被人辱骂时，抛下拳大栗子打人。人想这栗子，就故意去山下骂丑话，预备捡栗子。”一一说给乡下人听。

因为栗子，正苦无话可说的年青人，得到同情他的人了。

他就告水保另外属于栗子的种种事情。他知道的乡下问题可多咧。于是他说到地名“栗坳”的新闻。又说到一种栗木作成的犁具如何结实合用。这人是太需要说到这些了。昨天来一晚上都有客人吃酒烧酒，把自己关闭在小船后梢，同五多说话，五多睡得成死猪。今天一早上，本来应当有机会同媳妇谈到乡下事情了，女人又说要上岸过七里桥烧香，派他一个人守船。坐到船上等了半天，还不见人回，到后梢去看河上景致，一切新奇不同，全只给自己发闷。先一时，正睡在舱里，就想这满江大水若到乡下涨，鱼梁上不知道应当有多少鲤鱼上梁！把鱼捉来时，用柳条穿鳃到太阳下去晒，正计算到那数目，总算不清楚。忽然客人来到船上，似乎一切鱼都争着跳进水中去了。

来了客人，且在神气上看出来人是并不拒绝这些谈话的，所以这年青人，凡是预备到同自己媳妇在枕边诉说的各样事情，这时得到了一个好机会，都拿来同水保谈了。

他告给水保许多乡下情形，说到小猪捣乱的脾气，叫小猪名字是“乖乖”，又说到新由石匠整治过的那副石磨，顺便告给了一个石匠的笑话。又说到一把失去了多久的镰刀，一把水保梦想不到的小镰刀，他说：“你瞧，奇怪不奇怪？我赌咒我各处都找到了。我们的床下，门枋上，仓角里，什么不找到？它躲了。躲猫猫一样，不见了。我为这件事骂过老七。老七哭过。可还是不见。鬼打岩，蒙蒙眼，原来它躲在屋梁上饭箩里！半年躲在饭箩里！它吃饭！一身锈得像生疮。这东西多狡猾！我说这个你明白我没有？怎么会到饭箩里半年？那是一只做样子的东西，挂到斗窗上。我记起那事了，是我削楔子，手上刮了皮，流了血，生了大气，赌气把刀一丢。……到水上磨了半天，还不错，仍然能吃肉，你一不小心，就得流血。我还不曾同老七说到这个，她不会忘记那哭得伤心的一回事。找到了，哈哈，真找到了。”

“找到它就好了。”

“是的，得到了它那是好的。因为我总疑心这东西是老七掉到溪里，不好意思说明。我知道她不骗我了。我明白了。我知道她受了冤屈，因为我说过：‘找不出么？那我就要打人！’我并不曾动过手。可是生气时也真吓人。她哭了半夜！”

“你不是用得着它割草么？”

“嗨，哪里，用处多咧。是小镰刀，那么精巧，你怎么说是割草？那是削一点薯皮，刮刮篛：这些这些用的。小得很，值三百钱，钢火妙极了。我们都应当有这样一把刀放到身边，不明白么？”

水保说：“明白明白：都应当有一把，我懂你这个话。”

他以为水保当真是懂的，什么也说到了，甚至于希望明年来一个小宝宝，这样只合宜于同自己的媳妇睡到一个枕头上商量的话也说到了。年青人毫无拘束的还加上许多粗话蠢话。说了半天，水保起身要走了，他才记起问客人贵姓。

“大爷，您贵姓？留一个片子到这里，我好回话。”

“不用不用。你只告她有这么一个大个儿到过船上，穿这样大靴子。告她晚上不要接客，我要来。”

“不要接客，您要来？”

“就是这样说，我一定要来的。我还要请你喝酒。我们是朋友。”

“我们是朋友，是朋友。”

水保用他那大而肥厚的手掌，拍了一下年青人的肩膊，从船头上岸，走到别一个船上去了。

在水保走后，年青人就一面等候一面猜想这个大汉子是谁。他还是第一次同这样尊贵的人物谈话。他不会忘记这很好的印象的。人家今天不仅是同他谈话，还喊他做朋友，答应请他喝酒！他猜想这人一定是老七的“熟客”。他猜想老七一定得了这人许多钱。他忽然觉得愉快，感到要唱一个歌了，就轻轻的唱了一首山歌。用四溪人体裁，他唱得是“水涨了，鲤鱼上梁，大的有大草鞋那么大，小的有小草鞋那么小”。

但是等了一会还不见老七回来，一个鬼也不回来，他又想起那大汉子的丰采言谈了。他记起那一双靴子，闪闪发光，以为不是极好的山柿油涂到上面，是不会如此体面好看的。他记起那黄而发沉的戒子，说不分明那将值多少钱，一点不明白那宝贝为什么如此可爱。他记起那伟人点头同发言，一个督抚的派头，一个军长的身分——这是老七的财神！他于是又唱了一首歌。用杨村人不庄重口吻，唱得是“山坳的团总烧炭，山脚的地保爬灰；爬灰红薯才肥，烧炭脸庞发黑”。

到午时，各处船上都已有人烧饭了。湿柴烧不燃，烟子各处窜，使人流泪打嚏，柴烟平铺到水面时如薄绸。听到河街馆子里大师傅用铲子敲打锅边的声音，听到邻船上白菜落锅的声音，老七还不见回来。可是船上烧湿柴的本领年青人还没有学到，小钢灶总是冷冷的不发吼。做了半天还是无结果，只有把它放下一个办法了。

应当吃饭时候不得饭吃，人饿了，坐到小凳上敲打舱板，他仍然得想一点事情。一个不安分的估计在心上滋长了。正似乎为装满了钱钞便极其骄傲模样的抱兜，在他眼下再现时，把原有的和平已失去了。一个用酒糟同红血所捏成的橘皮红色四方脸，也是极其讨厌的神气，保留到印象上。并且，要记忆有什么用？他记忆得到那嘱咐，是当到一个丈夫面前说的！“今晚上不要接客，我要来。”该死的话，是那么不客气的从那吃红薯的大口里说出！为什么要说这个？有什么理由要说这个？……

胡想使他心上增加了愤怒，饥饿重复揪着了这愤怒的心，便有一些原始人就不缺少的情绪，在这个年青简单的人情绪中长大不已。

他不能再唱一首歌了。喉咙为妒嫉所扼，唱不出什么歌。

他不能再有什么快乐。按照一个种田人的脾气，他想到明天就要回家。

有了脾气再来烧火，自然更不行了，于是把所有的柴全丢到河里去了。

“雷打你这柴！要你到洋里海里去！”

但那柴是在两三丈以外，便被别个船上的人捞起了的。那船上人似乎一切都准备好了，正等待一点从河面漂流而来的湿柴，把柴捞上，即刻就见到用废缆一段引火，且即刻满船发烟，火就带着小小爆裂声音燃好了。看到这一切，新的愤怒使年青人感到羞辱，他想不必等待人回船就要走路。

在街尾遇到女人同小毛头五多两个人，正牵了手说着笑着走来。五多手上拿得有一把胡琴，崭新的样子，这是做梦也不曾遇到的一件家伙！

“你走哪里去？”

“我——要回去。”

“要你看船船也不看，要回去。什么人得罪了你，这样小气？”

“我要回去，你让我回去。”

“回到船上去！”

看看媳妇，样子比说话还硬劲。并且看到那一张胡琴，明知道这是特别买来给他的，所以再不能坚持，摸了摸自己发烧的额角，幽幽的说，“回去也好，回去也好”，就跟了媳妇的身后跑转船上。

掌班大娘也赶来了，原来提了一副猪肺，好像东西只是乘便偷来的，深恐被人追上带到衙门里去。所以跑得颧骨发了红，喘气不止。大娘一上船，女人在舱中就喊：

“大娘，你瞧，我家汉子想走！”

“谁说的，戏都不看就走！”

“我们到街口碰到他，他生气样子，一定是怪我们不早回来。”

“那是我的错；是菩萨的错；是屠户的错。我不该同屠户为一个钱吵闹半天，屠户不该肺里灌这样多水。”

“是我的错。”陪男子在舱里的女人，这样说了一句话，坐下了。对面是男子汉。她于是有意的在把衣服解换时，露出极风情的红绫胸褡。胸褡上绣了“鸳鸯戏荷”。

男子觑着，不说话。有说不出的什么东西，在血里窜着涌着。

在后梢，听到大娘同五多谈着柴米。

“怎么我们的柴都被谁偷去了！”

“米是谁淘好的？”

“一定是火烧不燃。……姐夫是乡下人，只会烧松香。”

“我们不是昨天才解散一捆柴么？”

“都完了。”

“去前面搬一捆，不要说了。”

“姐夫只知道淘米！”

听到这些话的年青汉子，一句话不说，静静的坐在舱里，望到那一把新买来的胡琴。

女人说：“弦都配好了，试拉拉看。”

先是不作声，到后把琴搁在膝上，查看松香。调琴时，生疏的音从指间流出，拉琴人便快乐的微笑了。

不到一会，满舱是烟，男子被女人喊出去，仍然把琴拿到外面去，站在船头调弦。

到后吃中饭时，五多说：

“姐夫，你回头拉‘孟姜女哭长城’，我唱。”

“我不会拉。”

“我听说你拉得很好，你骗我谎我。”

“我不骗你。”

大娘说：“我听老七说你拉得好，所以到庙里，一见这琴，我就想起你才说就为姐夫买回去吧。是运气，烂贱就买来了。这到乡里一块钱还恐怕买不到，不是么？”

“是的。值多少钱？”

“一吊六。他们都说值得！”

五多说：“谁说值得？”

大娘很生气的说：“毛丫头，谁说不值得？你知道什么！撕你的嘴！”

因为这琴是从一个卖琴熟人手上拿来，一个钱不花，听到大娘的谎话，五多分辩，大娘就骂五多，老七却笑了。男子以为这是笑大娘不懂事，所以也在一旁干笑。

男子先把饭吃完，就动手拉琴，新琴声音又清又亮，五多高兴到得意忘形，放下碗筷唱将起来，被大娘结结实实打了一筷子头，才忙着吃饭、收碗、洗锅子。

到了晚上，前舱盖了篷，男子拉琴，五多唱歌，老七也唱歌，美孚灯罩子有红纸剪成的遮光帽，全舱灯光红红的如办大喜事，年青人在热闹中像过年，心上开了花。可是过不久，有兵士从河街过身，喝得烂醉，听到这声音了。

两个醉鬼踉踉跄跄到了船边，两手全是污泥，用手扳船，口含胡桃那么混混胡胡的嚷叫：

“什么人唱，报上名来！唱得好，赏一个五百。不听到么？老子赏你五百！”

里面琴声戛然而止，沉静了。

醉鬼用脚不住踢船，蓬蓬蓬发出钝而沉闷的声音，且想推篷，搜索不到篷盖接榫处，于是又叫嚷：“不要赏么，婊子狗造的？装聋，装哑？什么人敢在这里作乐？我怕谁？皇帝我也不怕。大爷，我怕皇帝我不是人！我们军长师长，都是混账王八蛋！是皮蛋鸡蛋，寡了的臭蛋！我才不怕。”

另一个喉咙发沙的说道：

“骚婊子？出来拖老子上船！”

且即刻听到用石头打船篷，大声的辱骂祖宗。一船人都吓慌了。大娘忙把灯扭小一点，走出去推篷，男子听到那汹汹声气，夹了胡琴就往后舱钻去。不一会，醉人已经进到前舱了。两个人一面说着野话一面要争到同老七亲嘴，同大娘五多亲嘴。且听到问：“是什么人在此唱歌作乐，把拉琴的抓来再给老子唱一个歌。”

大娘不敢作声，老七也无主意了，两个酒疯子就大声的骂人。

“臭货，喊龟子出来，跟老子拉琴，赏一千！英雄盖世的曹孟德也不会这样大方！我赏一千，一千个红薯，快来，不出来我烧掉你们这只船！听着没有，老东西？！赶快，莫让老子们生了气，灯笼子认不得人？”

“大爷，这是我们自己家几个人玩玩，不是外人……”

“不！不！不！老婊子，你不中吃。你老了，皱皮柑！快叫拉琴的来！杂种！我要拉琴，我要自己唱！”一面说一面便站起身来，想向后舱去搜寻。大娘弄慌了，把口张大合不拢去。老七急中生智，拖着那醉鬼的手，安置到自己的大奶上。

醉人懂到这意思，又坐下了。“好的，妙的，老子出得起钱，老子今天晚上要到这里睡觉！孤王酒醉在桃花宫，韩素梅生来好貌容……”

这一个在老七左边躺下去后，另一个不说什么，也在右边躺了下去。

年青人听到前舱仿佛安静了一会，在隔壁轻轻的喊大娘。

正感到一种侮辱的大娘，悄悄爬过去，男子还不大分明是什么事情，问大娘：

“什么事情？”

“营上的副爷，醉了，像猫，等一会儿就得走。”

“要走才行。我忘记告你们了，今天有一个大方脸人来，好像大官，吩咐过我，他晚上要来，不许留客。”

“是脚上穿大皮靴子，说话像打锣么？”

“是的，是的。他手上还有一个大金戒子。”

“那是老七干爹。他今早上来过了么？”

“来过的。他说了半天话才走，吃过些干栗子。”

“他说些什么？”

“他说一定要来，一定莫留客，……还说一定要请我喝酒。”

大娘想想，来做什么？难道是水保自己要来歇夜？难道是老对老，水保注意到……想不通，一个老鸨虽一切丑事做成习惯，什么也不至于红脸，但被人说到“不中吃”时，是多少感到一种羞辱的。她悄悄的回到前舱，看前舱新事情不成样子，扁了扁瘪嘴，骂了一声猪狗，终归又转到后舱来了。

“怎么？”

“不怎么。”

“怎么，他们走了？”

“不怎么，他们睡了。”

“睡了？”

大娘虽不看清楚这时男子的脸色，但她很懂这语气，就说：“姐夫，你难得上城来，我们可以上岸玩去。今夜三元宫夜戏，我请你坐高台子，是‘秋胡三戏结发妻’。”

男子摇头不语。

兵士胡闹一阵走后，五多大娘老七都在前舱灯光下说笑，说那兵士的醉态。男子留在后舱不出来。大娘到门边喊过了二次，不答应，不明白这脾气从什么地方发生。大娘回头就来检查那四张票子的花纹，因为她已经认得出票子的真假了。

票子倒是真的，她在灯光下指点给老七看那些记号，那些花，且放到鼻子上嗅嗅，说这个一定是清真馆子里找出来的，因为有牛油味道。

五多第二次又走过去：“姐夫，姐夫，他们走了，我们来把那个唱完，我们还得……”

女人老七像是想到了什么心事，拉着了五多，不许她说话。

一切沉默了。男子在后舱先还是正用手指扣琴弦，作小小声音，这时手也离开那弦索了。

三个女人都听到从河街上飘来的锣鼓唢呐声音，河街上一个做生意人办喜事，客来贺喜，大唱堂戏，一定有一整夜热闹。

过了一会，老七一个人轻脚轻手爬到后舱去，但即刻又回来了。

大娘问："怎么了？"

老七摇摇头，叹了一口气。

先以为水保恐怕不会来的，所以大家仍然睡了觉，大娘老七五多三个人在前舱，只把男子放到后面。

查船的在半夜时，由水保领来了，水面鸦雀无声，四个全副武装警察守在船头，水保同巡官晃着手电筒进到前舱。这时大娘已把灯捻明了，她经验多，懂得这不是大事情。老七披了衣坐在床上，喊干爹，喊巡官老爷，要五多倒茶。五多还睡意迷蒙，只想到梦里在乡下摘三月莓。

男子被大娘摇醒揪出来，看到水保，看到一个穿黑制服的大人物，吓得不能说话，不晓得有什么严重事情发生。

那巡官装成很有威风的神气开了口："这是什么人？"

水保代为答应："老七的汉子，才从乡下来走亲戚。"

老七说道："老爷，他昨天才来的。"

巡官看了一会儿男子，又看了一会儿女人，仿佛看出水保的话不是谎话，就不再说话了，随意在前舱各处翻翻。待注意到那个贮风干栗子的小坛子时，水保便抓了一大把栗子塞到巡官那件体面制服的大口袋里去，巡官只是笑，也不说什么。

一伙人一会儿就走到另一船上去了。大娘刚要盖篷，一个警察回来传话：

“大娘，大娘，你告老七，巡官要回来过细考察她一下，你懂不懂？”

大娘说：“就来么？”

“查完夜就来。”

“当真吗？”

“我什么时候同你这老婊子说过谎？”

大娘很欢喜的样子，使男子很奇怪，因为他不明白为什么巡官还要回来考察老七。但这时节望到老七睡起的样子，上半晚的气已经没有了，他愿意讲和，愿意同她在床上说点家常私话，商量件事情，就傍床沿坐定不动。

大娘像是明白男子的心事，明白男子的欲望，也明白他不懂事，故只同老七打知会：“巡官就要来的！”

老七咬着嘴唇不作声，半天发痴。

男子一早起来就要走路，沉默的一句话不说，端整了自己的草鞋，找到了自己的烟袋。一切归一了，就坐到那矮床边沿，像是有话说又说不出口。

老七问他：“你不是昨晚上答应过干爹，今天到他家中吃中饭吗？”

“……”摇摇头，不作答。

“人家特意为你办了酒席，好意思不领情？”

"……"

"戏也不看看么？"

"……"

"满天红的晕油包子，到半日才上笼，那是你欢喜的包子。"

"……"

一定要走了，老七很为难，走出船头呆了一会，回身从荷包里掏出昨晚上那兵士给的票子来，点了一下数，一共四张，捏成一把塞到男子左手心里去。男子无话说，老七似乎懂到那意思了，"大娘，你拿那三张也把我。"大娘将钱取出，老七又把这钱塞到男子右手心里去。

男子摇摇头，把票子撒到地下去，两只大而粗的手掌捣着脸孔，像小孩子那样莫名其妙的哭了起来。

五多同大娘看情形不好，一齐逃到后舱去了。五多心想这真是怪事，那么大的人会哭，好笑。可是她并不笑。她站在船后梢舵，看见挂在梢舱顶梁上的胡琴，很愿意唱一个歌，可是不知为什么也总唱不出声音来。

水保来船上请远客吃酒，只有大娘同五多在船上。问到时，才明白两夫妇一早都回转乡下去了。

1930 年 4 月作于吴淞

柏子

这是船夫中之一个。日里爬桅子唱歌，不知疲倦，到夜来，还不知疲倦。先是在泥滩上走，没有月，没有星，细毛毛雨在头上落，两只脚在泥里慢慢翻成泥腿，目的是河街小楼红红的灯光……灯光还不及塞满此小房，快乐却将水手们胸中塞紧。

把船停到岸边，岸是辰州的河岸。

于是客人可以上岸了，从一块跳板走过去。跳板是一端固定在码头石级或泥滩上，一端在船舷。一个人从跳板走过时，摇摇荡荡不可免。凡是要上岸的，全是那么摇摇荡荡上岸了。

泊定的船实在是太多了，沿岸停泊，桅子数不清，大大小小随意的矗到空中，桅子上的绳索像纠纷到成一团，然而却并不。

每一个船头船尾全站得有人，穿青布蓝布短汗褂，口里噙了长长的旱烟杆，手脚露在外面让风吹——毛茸茸的像一种小孩子想象中的奴洞中喽罗，毛脚毛手。看到这些手脚，很容易记到“飞毛腿”一类英雄名称。可不是，这些人正是！桅子上的绳索揹着了活车，拖拉全无从，看这些飞毛腿的本领，有得是机会显露！毛脚毛手所有的不单是毛，还有类乎钩子的东西，光溜溜的高桅，只要一贴身，便飞快的上去了。为表示这上下全近于儿戏，一面整理绳索，一面还在上面唱歌。

那一边桅上，也有这样人，则歌是来回唱，更带劲有情。

昂了头看这把戏的，是各个船上的伙计。看着还在下面喊着，不拘要谁一个试上去，全是容易之至！只是不得老舵手吩咐，则照例不敢放肆。看的人全是心中发痒，又不能随便爬上桅子顶去唱歌，逗其他船上媳妇发笑，便骂了。

“我的儿，摔死你！”

“我的孙，摔死了你看你还唱！”

“……”

仍然唱个不停，且可以说更起劲。但可以把歌唱到下面骂人的人听，当先若是唱《一枝花》，这时唱的便是《众儿郎》了。众儿郎却依然是笑嘻笑嘻昂了头看这唱歌人，照例生气不得的。

可是在这情形中，有些船，却有无数黑汉子，用他的毛手毛脚，盘着大的圆的黑铁桶从舱中滚出，也是那么摇摇荡荡跌到岸边泥滩上了。还有方形用铁皮束腰的洋布，有海带，有鱿鱼，有药箱……这些东西同搭客一样，在船舱中紧挤着卧了二十天或十二天，如今全应当登岸了。登岸的人各自还家，各自找客栈，各自吃喝。这些货物则各自为一些大脚婆子来抱之负之，送到沿河各个堆栈里去。

在各样匆忙情形中，便正有闲之又闲的一类人在。这些人耳朵能超然于一切嘈杂声音以上，听出桅子上人的歌声；可是心也正忙着，歌声一停止，在唱歌地方代替了一盏小红风灯以后，那唱歌的人，便已到这听歌人的身边了。桅上用红灯，不消说是夜里了，这个水码头夜里世界不是平常的，你们看。

落着雨，刮着风，各船上了篷，人在篷下听雨声风声，江波吼哮如癫子，船纵是互相牵连互相依靠，也簸动不止，这情景在沅水一带是常有的。坐船人对此决不奇怪，不欢喜，不厌恶。因为凡是在船上生活，这些平常人的爱憎便不及在心上滋生了。有月亮又是一种趣味，同晚日与早露，全各有不同，然而他们全不会注意。但船上人心情若必须勉强分成两种或三种，这分类方法得另作估计，吃牛肉与吃酸菜，这是能左右一般水手心情的一件事，泊半途与湾口岸，这于水手们情形又稍稍不同。不必问，牛肉比酸菜更为符合这类“飞毛腿”胃口，船在码头边停靠他们也欢喜多了！

如今是说夜里又正落小雨，泥滩头滑溜溜，使人无从立足，还有人上岸到河街去。

这是船夫中之一个，名叫柏子。日里爬桅子唱歌，不知疲倦，到夜来，还不知疲倦，所以如其他许多水手一样，在腰边板带中塞满了铜钱，小心小心的走过跳板到了岸上。先是在泥滩上走，没有月，没有星，细毛毛雨在头上落，两只脚在泥里慢慢翻——成泥腿，快也无从了——目的是河街小楼红红的灯光，灯光下有使柏子心开一朵花的东西在。

灯光多无数，每一小点灯光便有一个或一群水手在那里谈天取乐。灯光还不及塞满此小房，快乐却将水手们胸中塞紧，——居然是欢喜在胸中涌，一定得打嗝，所以沙喉咙的歌声笑声从楼中溢出，与灯光同样，溢进上岸无钱的水手耳中眼中，便如其他世界一样，反应着欢喜的是诅咒。他们尽管诅咒着，然而一颗心也依然摇摇荡荡上了岸，且不必冒滑滚的危险，全各以经验为标准；把心飞到所熟习的吊脚楼上去了。

酒与烟与女人，一个浪漫派的文人非此不能夸耀于世人三样事，这些喽罗却很平常的享受着，虽然酒是酽冽之酒，烟是平常的烟，人则更是……然而各个心是同样的跳，头脑是同样的发迷，——我们全明白，这些只是吃酸菜南瓜臭牛肉以及说下流话的口，可是于这时也必然粘粘糍糍，也能找出所蓄于心各样对女人的谄谀言语献给面前的妇人。也能粗粗卤卤的把脚放到妇人的身上去，脚上去，以及……他们把自己沉浸在这空气中，忘了世界也忘了自己的过去和未来。女人帮助这些无家水上人，把一切劳苦一切期望从这些人心上取去，放进的是类乎烟酒的兴奋与醉痴。在每一个妇人身上，一群水手这样那样作着那顶切实的梦，预备将这一月储蓄的铜钱和精力，全部倾倒到这妇人身上，他们却从不曾预备要人怜悯，也不知道可怜自己。

他们的生活就是这样。若说这生活还有使他们在另一时回味反省的机会，仍然是快乐的罢。这些人的心，可说永远是健康的，在平常生活中，缺少眼泪却并不缺少欢乐的承受。

其中之一的柏子，为了上岸去河街找他的幸福，终于到一个地方了。

先打门，用一个水手通常的章法，且吹着哨子。

门开了，一只泥腿在门里，一只泥腿在门外，身子便为两条臂缠紧了，在那新刮过的日炙雨淋粗糙的脸上，就贴紧了一个宽宽的温暖的脸子。

这种头油香是他所熟习的，这种抱人的章法，先虽说不出，这时一上身却也熟习之至。还有脸，那么软软的，混着粉的香，用口可以吮。到后是，他把嘴一歪，便找到了一个湿的舌子了，他咬着。

“悖时的！我以为到常德被婊子尿冲你到洞庭湖底了！”

“老子把你舌子咬断！”

“我才要咬断你……”

进到里面的柏子，在一盏满堂红灯下立定，妇人望他傻笑。这一对是并肩立，他比她高一个头，他略略蹲下，像整理橹绳那样扳了妇人的腰，妇人身便朝前倾。

“老子摇橹摇厌了，要推车。”

“推你妈！”妇人一面说，一旁便搜索柏子的身上东西。搜出的东西往床上丢，又数着东西的名字。“一瓶雪花膏，一卷纸，一条手巾，一个罐子——这罐子装的是什么？”

“猜呀！”

“猜你妈，忘了为我带的粉吗？”

“你看那罐子是什么招牌！打开看！”

妇人把罐子在灯前打开，放鼻子边边闻，便打了一个嚏。

柏子可乐了，不顾妇人如何，把罐子抢来放在一条白木桌上，便擒了妇人的腰倒向床边去。

房中那盏满堂红油灯是亮堂堂的，照了一堆泥脚迹在黄色楼板上。

外面雨慢慢大了。

张耳听，还是歌声与笑骂声音。各个房子相隔多只一层薄薄白木板子，比吸烟声音还低一点声音也可以听得出，然而人全无闲心听隔壁。

柏子的纵横脚迹渐干了，在地板上也更其分明。灯则依然光明，将一对横搁在床上的人照得清清楚楚。

“柏子，我讲你真是一个牛。”

“我不这样，你就不信我在下头是怎么规矩！”

“你规矩！你赌咒你干净得可以进天王庙！”进天王庙这是说像猪，天王庙敬神，照例得把猪刮得溜光的。

“我赌咒，什么都不。”

“赌咒也只有你妈信你，我不信。”

柏子只有如妇人所说，索性像一小公牛，牛到后于是喘息了，松弛了，像一堆带泥的吊船棕绳，散漫的在床上。

肥肥的奶子两手抓紧，且用口去咬。他又咬她的下唇，咬她的膀子，咬她的腿……我们记得这时柏子是日里爬桅子的柏子，则明白这时柏子纵是牛，也是将近死去的牛了。

妇人望到他笑，妇人是翻天躺的。

过一阵，两人用一个烟盘作长城，各据长城的一边，烧烟吃。

妇人一旁烧烟一旁唱《孟姜女》给柏子听。在这样情形下的柏子，喝一口茶且吸一泡烟，像是作皇帝。

“婊子我告你听，近来下头媳妇才标得要命！”

“你命怎么不要去，又跟船到这地方来？”

“我这命送她们，她们也不要。”

“不要的命才轮到我。”

“轮到你，你这……好久才轮到我！我问你，到底有多少……”妇人把嘴一扁，把一个烧好的烟泡装上，就将烟枪送过去塞了柏子的嘴。

柏子吸了一口烟，又说：“我问你，昨天有人来？”

“来你妈！别人早就等你，我掐手指算到日子，我还算到你这尸……”“老子若是真在青浪滩上泡坏了，你才乐！”

“是，我才乐！”妇人说着便稍稍生了气。

柏子是正要妇人生气才欢喜的。他见妇人把脸放下，便把烟盘移到床头去。长城一去情形全变了，一分钟内局面成了新样子，柏子的泥腿从床沿下垂，绕了这腿的上部的是用红绸作就套鞋的小脚。

一种丑的努力，是继续，是开始。

柏子冒了大雨在河岸泥滩上慢慢的走着，手中拿的是一段燃着火头的废缆子，光旺旺的照到周围三尺远近，光照前面的雨成无数返光的线。柏子全无所遮蔽的从这些线林穿过，一双脚浸在泥水里面，——他回船上去。

雨虽大，也不忙，一面怕滑倒，一面有能防雨——或者不如说忘雨的东西罢。

他想起眼前的事心是热的，想起眼前的一切，则头上的雨与脚下的泥，全成了无须置意的事了。

这时妇人是睡，是陪别一个水手又来在那大白木床上作某种事情，谁知道。柏子也不去想这个。他把妇人的身体，记得极其熟习：一些转弯抹角地方，一些幽僻地方，一些坟起与一些窟窿，即如离开妇人身边一千里，也像可以用手摸，说得出尺寸。妇人的笑，妇人的动，也死死的像蚂蟥一样钉在心上。他的所得抵得过一个月的一切劳苦，抵得过船只来去路上的风雨太阳，抵得过打牌输钱的损失，抵得过……他还把以后下行日子的快乐预支了。这一去又是半月或一月，他很明白的。以后也将高高兴兴的作工，高高兴兴的吃饭睡觉，因为今夜已得了前前后后的希望，今天所“吃”的足够两个月咀嚼，不到两月他可又回来了。

他的板带钱是完了，这种花费是很好的一种花费。并且他也并不是全无计算，他预先留下了一小部分钱，作为在船上玩牌用的。花了钱，得到些什么，他是不去追究的。钱是在什么情形下得来，又在什么情形下失去，柏子不能拿这个来比较，总之比较有时像也比较过了，但结果不消说还是“合算”。

轻轻的唱着《孟姜女》、唱着《打牙牌》，到得跳板边时，柏子小心小心的走过去，所以预定的《十八摸》便不敢唱了——因为老板娘还在喂小船老板的奶。

辰州河岸的船各归各帮，泊船原有一定地方，不相混杂。

可是每一只船，把货一起就得到另一处去装货。因此柏子从跳板上摇摇荡荡上过两次岸，船就开了。

1928 年 5 月 25 日

石子船

河水汤汤的流去，仿佛水中有八牛在快乐天真的拍水游泳，日头落山天气慢慢夜了下来，升了拦头的喜保，把湿柴放到锅灶里去，侧脸吹着火，烟子成缕往上窜，又即刻被风吹散浮到河面如奶色的雾。

在名叫康村的河岸边停下了空篷船一只。

村中产石，把石块运到 ×× 市去，这石便成为绅士们晚饭后散步的光滑的街道了。在街上，散步的人，身穿柔软衣服，态度从容，颜色和气，各式各样全备，然而是没有一种人能从这坚硬闪光的石路上，想到这街石的来处的。产石的康村，每天总有若干较他种船只显着笨重的石子船泊岸，船到了，晚上人从跳板上走到岸旁小板屋中去歇憩，便中喝烟吃茶打盹，休息半天，换了回票，就又动手装石子。康村本来是荒山，因 ×× 市发达，需石子筑路，不知被谁所发现后，成天派船来运石子，所以到近来已成为小小市镇了。

凡是来到这里的石子船，船上大致是这样人数：一个艄公，驶行时，管舵，船停了，守船，这是主人的事。一个拦头，驶行时，照料前面碰头，用篙点，避开危险，下碇时，把锚推下水去，抵岸时，系缆绳，用风致不同的式样打缆绳结。

此外是散弟兄。散弟兄三个或五个，所做的事是收拾舱面一切，放篷时放篷，摇橹时摇橹，船停到康村了，从山上运石子上船，船停到 ×× 市，把石子从船上运下，放到 ×× 市的码头边。一船的行动，生财的支配，皆为船主的事。至于散伙诸人，只吃粗糙的饭，做枯燥的事，有了钱就赌博，在一点点数目上作着勇敢的牺牲，船开动了，为了抵地后可以得一顿肉吃，就格外诚心的盼望早到，间或还作着极其可笑的梦，水面上风清月白时，忘了日晒雨淋的苦，就唱着简单的歌，安慰着自己生活的凄凉而已。

这船在 ×× 河上已走过六十余次了。每次时间是七天，这七天只三天船上人无价值的精力是消磨在水面，有两天是运石子上船，有两天是把石子从船运上岸。因为契约的前订，×× 市建设的工程，随了时代而发展，有不能缓一日的趋势，所以这船也如其他人所有的石子船一样，船主不能尽在时间耽误上担负权利的损失，六十余次的转运，只有两次多延长时间一天。船主的认真，把散伙生活更拘束成一种机械，然而这些无用的愚蠢的东西，再机械一点有什么关系？究竟因为这样，×× 市柏油石子路一天比一天多了。

这船如今是六十四次到康村的岸边了。因为一种方便，这船泊碇处是去康村的市街较远离产石的山坡较近那岸边。船是空船，船抵了岸，那拦头的汉子就第一个先跳上了岸，他把船系定了，坐到树荫。其他五个散伙也陆续上岸到树荫上坐定了。船上只余下艄公一人整理绳索，那艄公一面低了头作他的事，一面想到 ×× 市上所听到的消息。他曾从一个在警务处的服务人方面，得到一种传闻，康村中有奇奇怪怪关于 ×× 党的谣言。他平日没有看报，没有同军界中人往来，不知道康村这小地方为什么也有这些人来的原故。只是，几年来，船上辛苦所得，他用两个坛子装好，全把它存到一个老姑母处，他因为有这点钱，所以变成“政府党”了。

那拦头水手是他的一个远亲，一个姑母的外孙，人太年青了，他上了岸，因为快乐，这时正想爬到树上去。

“八牛，下来，我有话说。”

那小子只在树上吹哨子。

“八牛，下来，有话告你！”

“哪样事。”他这样不高兴的问着，因为他正听到远处唱摇船歌，且听到山上敲石子丁丁声音。

“来！”这字近于压迫，显然命令，不来不行了，八牛就乖乖的答应：“我来。”

他就下树，如一个猴子，快捷无比。下了树，他并脚跳着上船。

这时几个散伙已经把树荫下大青石板作为战场，开始在那里赌博了。船主钩腰不看岸，只听到岸上一个散伙声音说道：“……你真要作 ×× 党了。”

又一个声音说：

“……”

近来的撑船人知识是进步多了，别的是不可知的事，至于把

× × 党名词，说得极其顺口。船主人从前听到这声音，并不动心，好像是这些名词与自己无关系存，其无意义也等于说袁世凯登基坐朝，冯玉祥过俄国搬兵一样，总不是自己的事。然而到了近来，并且又到了据说已经有了 × × 党的康村，而且自己是正感到无法处置自己历年攒积下来的一点钱的时节，这些话，自然不免有点惊心动魄了。因为一面是还觉得自己是主人，一个主人心境为佣人扰乱时有生一点小气的理由，他就提着一个名叫喜保的名字，说是不许赌钱，快点到山上厂里去看看，看管事在不在厂，因为船已抵地，得把票领来，明早好装石子上船。

喜保人如其名，有一个于世无侮的脸，同时有一个在各种事情工作上皆不缺少兴味的心。关于领票换票，这事情在平时是应当喜保去做的。但当到把每一次所支得的一点点工钱，全数倾到押宝的一事上去时，人就脾气稍稍不同，应当做的事也有不做的时候，而且在懒惰之外见出一点反抗精神来了。

如今的喜保就正是输了。他正用着可笑的结舌，詈着另一个同伴，他听到船主说话，却全不理会。他手边还有最后的五十文铜子一枚，捏在手心，预备作孤注一掷。船主知道这人是输了，因为不输就不说野话，船主说："上厂里去，把你钱留到口袋里一会儿，不算罪过！"

被差遣的人呢，头也不回，本来是听见了，然而装痴，仿佛全心注意到宝上。这样一来，主人对于这船伙感到有点革命意味的空气了。他不能在言语上发挥，正理着船篷的绳，就用力的打了一个结。八牛这时站在这船主身边了。

“大舅，什么事。”

他本来想有话同八牛说，因为喊喜保不应，心里更乱，说不出什么话了。他望到八牛的脸，望了一会，一句话不说，就又胡乱把船篷绳打了一结。

树荫下的喜保，这时节，最后一枚铜子又送掉了，大声的骂作赌具的那个白铜制钱，骂了一句“肏三代你娘！”他不再在那群里呆，走上跳板回到船的前舱了。

船主望到这孩子，知道是铜钱输光了，他感到好笑，像很快活。

“你运气不行不听菩萨的签上话，该输。”

“我肏他三代那鬼钱。”喜保一面摸火镰敲火，一面从船沿走到后艄来，只听到岸上又一个人这样嚷着，觉得有了同志就笑了。

八牛问他：“光了么？”

“罄罄干，光打光，——老板借我点钱，好扳本。”

老板这时也装不听见自己做事理绳子，用水湿绳的一端，缚到桩上去。他过了一会，才斜斜睨着这输干了工钱的汉子，说：“到厂里去吧，回头说。”

无可奈何似的露着灰败的脸色摇摇荡荡走上跳板，喜保走了。

革命告一段落。中年船主记起了同八牛要说的话，他要他守船，他因为自己想到蒲苇村走走。蒲苇村去康村是五里，路并不远，那里有船主两坛袁世凯头的现洋在老姑母床下土中埋着，他放心不下，得去望望这财宝同看守这财宝的老人，所以吩咐八牛守船，等候喜保回来就换换石子收单，自己则就便还可以到蒲苇村带点牛肉回来，作为下酒的东西。

八牛诺诺的答应着，但同时要一点钱，说有用处。这汉子因为年纪不大，钱是不在自己手上的，平时是工钱全由船主交把他亲娘或外祖母手里所得也不多。这时借守船责任，所以开口向船主要一点钱，他实在是见到岸上热闹心有点痒。

“你不许赌！”

“我不是赌。”

“什么用处？”

“有用！”

“不许赌钱，你一定是要赌！”这中年人是看透八牛小子的心了。因为这样，八牛就有点不平，所以回答：“我说你不信，你这人！”

平时作长辈兼主人的他，听到这话又觉得与习惯不同了，他低下头想了一会，想这真是要革命了，没有手段可不行了，他忽昂起头来，很沉重的说道：“没有钱。”

“为什么我应当有的不把我呢？”

说话的八牛，虽有不平的神气，然而音调软弱，完全是类乎小孩子放赖的意思，但在今天的船主听来，总觉得这是近于受××党人的煽动起了革命一样，看起来自己前途真好像极其黯淡了。他听到八牛说要明白不把钱的理由，他在计划策略，他不作答，游移了一会，却用家长的语气说道。

“八牛，你是大人了，应当懂事。”

“你送我一块钱才行。”

“这样多有什么用？”

“这是我的。”

这话好像完全不是从八牛口中说出，他就很诧异的望着八牛的脸：“是你的放到我身边不稳当么？”

事情是真象很奇怪的，今天的八牛，性质似乎变了，他仍然顽固的说：“我要。”

“到明天我全把你也可以，这时拿可不行。”

“为什么不行？”

他是完全失败了。凡是到质问请求明白理由，都可以说是革命的酝酿，他这时想到说不定这人将来就会谋害他，抢掠他的积蓄，大家平分，于是他一语不发，惨然的坐到舵把上，过了一会，从板带中掏出一块洋钱，捏到手中，交给面前的八牛了。

送了钱，他要去蒲苇村本来就可以走了，但他不走。他想起了什么事他暂时不上岸，像是把去蒲苇村的事情已经忘记了。他望到天空，又看着那一群蹲到树荫下面的将来可以成为杀人放火的汉子，就轻轻的叹气。因为他似乎隐隐约约知道凡是有 ×× 党到的地方，做工的全不做工，安分的全不安分，到那时节，做主人的就完全遭殃，一切糟糕，不待言了。

因为静他于是也听到山上打岩的声音了，他糊糊涂涂的想，……八八六十四，烧饼歌说大家都起来。大家起来打洋人。帝国主义打倒了，马路也不要了，船钱不算数，倒找三十一元。……他只糊糊涂涂的想，心上似乎生了一点气，又无从向谁发作。

得了钱的八牛，说是不赌博，本来就全因为赌才一定要钱。如今见船主无上岸意思，又不敢上岸去参加，又不敢到市街上去玩，这钱在手心捏出了汗，他还不知要怎么办，也就觉着无聊了。

这时又听到岸上人喊嚷。

这是一个赢了许多钱的庄家，忽然在一次孤注上钱被众人瓜分了，因此大家很得意的呼喊着。那庄家，不到一会，就垂头丧气从跳板上走上船了。

八牛轻轻的向那输了钱的伙计问话，

“四哥，怎么回事？”

“被打倒了。”

“扳不扳本呢？”

“命运不济。”

“我这里有。”他于是作着不让船主知道的神气，把一块热巴巴的洋钱交给了这个人，好像只要这钱可以作注，自己也就得到赌博的意味了。有了接济的船伙之一，忽然壮大了胆，不久就又搀入赌徒的叫嚣中去了，这一切一切船主都望得分明他不做声。

八牛见船主不走，明白这是因为要钱所以心中不愉快了，他既已把钱借给了他人，就也不表示软弱，他也不上岸，只坐在船沿上洗脚。他把一双脚垂到水里去，头上是中秋天气的太阳，这人在大六月白热太阳下尚能作工行船，这时头上的太阳自然全不在乎了。

船主望到这年青汉子，把钱交把另一船伙，又目击上岸的人把洋钱在青石上试声音清浊，只是不作声。他心想到许多事情，许多在平时不必有的感想这时都奔到心上了。他因为无聊，又无事可作又不想走，就从尾梢跳到水中，水深及膝，从水中湿淋淋的走上了岸。他不愿去那赌博，就一人走上高坎，坎上可以眺望远处，隐隐约约望得到蒲苇村的保卫团旗子，在风中动。

八牛在船上，把下衣一脱，跳到水中，慢慢走向深水处去，泅起水来了。他将泅水过河，这河有四分之一里宽，水深有河身宽度五分之三，他慢慢的泅去，用脚拍水，用手扒，昂着头，他还能听远处唱歌的声音。不久他又从彼岸泅回了，像一天风云，把水洗净了，他在河中大声喊船主。

他喊他做舅舅，说：

“舅舅，你为什么不去蒲苇村看外婆？”

这中年人望着水中的八牛，不作答。

八牛上了岸，光身爬上坎到树下船主身边来，他投降了。

“你哪去有事吧，我在这里看船。你哪去，我等。今天还早，听有鸡叫，刚半日哪。”这时听到赌博那一边又嚷起来了，把钱借得的一个汉子，扳了本，到八牛处退钱来了。八牛接了钱，仍然是先前那一元，他仍然交给了船主，“舅舅你哪收下，我不要了。”

船主接了钱，暂时也不塞到板带中去。因为这钱重复退回，他的心稍稍活动了。他觉得就到蒲苇村去看看再说，重复到船上，把一些从 ×× 市上买来的东西，为老姑母捎去，他戴了一顶草帽，携了一个贮酒大葫芦，爬上岸一句话不说，沿河走去了。

他到了那姑母家中，那老人还正在做麻线，地下一堆小竹筒，一大团麻。老人面色如昔，家中光景全如往日，放心了。他于是把送来的东西取出，喝着老年人特为备置的野蜜茶，坐到堂房中大椅子上。这时来了两匹小花猪，哼哼唧唧走近身边来，像与他认识，把身子擦着椅脚无意离开。他又望了一下老年人气色，觉得在这里，与 ×× 党是无关系了，才安心再喝了一口茶，味出茶的香味来。

因为猪，他先同老年人谈 ×× 市的猪价。他只知道 ×× 市猪肉值钱，却不知道一只猪到 ×× 市去要上多少税。

“路上好！”

“平平安安，托老人家的福。”

“八牛好！”

“也托福。”

“他妈上前天还到这里来，告我说为他八牛看了亲，要他自己去看，是火窑场烧窑人女儿，十八岁，有三百吊私蓄。”

“是真事情吗？”

“怎么不真，人家好闺女，各样事在行，只有八牛这小子才配！”

船主想起先一时与八牛的冲突了，却问姑母：“他妈在不在周溪。”

“这几天总在，她告我，三多有病，请了巫，还愿，用了十三吊钱，仍然发烧发寒。菩萨不保佑人，无法子想。”

“你老人家听不听人说过康村有……”

“全知道这事！捉了两个，听说捉到城里就杀了。是好人家儿女，仍然杀了。他们排家去说；把你钱票交出来，把红契交出来，把借字交出来，好让我们放火烧。这些人先是这样说，没有人听，到后兵来了，捉到团上去打得半死，再到后就杀了。……”

相去还只七天，地方就变动到这样，船主是料不到的。并且还只几天的事，自己还以为是知道这危险顶多的一个人谁知如今听到这老人说到时，也就像很熟习这些事的本根，显然在每一个人心中，都有了一种动摇，再迟一月半月就会全变了。他于是乎来同老人商量处置这两坛子银钱的事。老人以为顶好不要挪动，事情就稳稳当当不怕变动。然而他意思呢，没有决心，不知道将怎么办好。到这时，凡是一个有钱人的窘处他也尝到了。

谈了一阵没有结果，船主走到村中卖酒处去买那二百六的烧酒，拿了葫芦到卖酒处去，酒店恰恰关了门。他到另一个卖酒处买了五斤酒，拿回到姑母家中来，很诧异的说："怎么聚福关了门，也无人知道这事。"

"怎么，关门了吗？我的天！"

说着，这老年人眼睛就红了。因为她有三十七块钱存放在聚福处，平时谁也不告。她这时得到消息了，出乎船主意料，猛的放下手中麻线球，就跑到街上去了，这船主本跟她走到大门前，看这老年人要做些什么事，忽然一想，不走了。

他目送那老年人匆匆的走去尽那老年人影子消失到大树后了，就回身来到这老年人房中，伏到床下去，查看砖土痕迹，看他所留下的暗记有无变动。床下土霉气扑鼻，他也没有关心到。看过了，还是现前样子，站起身，两只手掌全是土花，他拍着土放了一口气，象做过一件大事，脸上汗也出了。这时听到远远的有人喊着自己的混名，声音又像是船伙的声音，他就走出门去，站到篱笆缺处打望。

当真是船伙之一，气急败坏的走来，来的急促竟像走过五里路，气也不曾换过一口，从斜篱笆处见到了船主的上身，远远的就大声说道："老板，快回去，死人了。"

他无目的的说："死了么？"

那人就同样无目的的说："完全死了。"

他听到死了人，也不问是谁死，为什么死去，就不顾一切，离了姑母的家，空手的跟了船伙向康村大路走去。到了半路，因为天气热，非到树荫下歇歇不成，所以脚步才慢了一点。到这时他记起死人的话了，他问船伙："什么事情？"

"洗澡。"

"谁？"

"八牛。淹到水里，半天不见起来，伙计下水去看，一只手捎到石罅，他摸鱼，石头咬他的手，一切完了。"

船主听完这话，又把心拉紧，本来已把一个卖甜酒的人，送来的一碗糟接过手喝了一口，把碗一放就又向康村跑去了。

一切显然是完全无望了，来去是十里！船主到了地，八牛的尸身，已为人从水中拖出，搁到了岸边的树下石板上了。

尸用树叶垫着，尸旁围了一些人，那从厂上回来的喜保，腰边还插了一大把领石子的竹签，正蹲在八牛身旁施行倒水手术。然而船主一看，就知道已没有救了。他把眼光一一的望船伙，各船伙皆嗒然丧气，张口无语，赢了钱的呢，肚前的板带高肿走动时就听到钱的声音。他又走到船上去。他又走上岸。完全没有主意，只仿佛是做梦，因为水还是平时那样的流，太阳已拉斜，山上敲石子的声音带着石工唱歌声音，也并不同上半天情形两样。他痴痴的站到河边，就想起先前的事来了，想起要钱，不送钱，于是吵嘴，于是下水洗澡，于是……他这才记起老姑母一旁挽麻一旁说八牛的亲事，聚福倒了店，关了门，姑母的慌张，自己从床下爬出，听着喊他的声音，同样慌张的走来。

到了夜里，留一船伙守船，三个船伙丁字拐形式，用船上篷索，用扛石子的长扁担，把为破篷布裹身的死八牛抬到蒲苇村里去。喜保拿了一段废竹缆，点燃着当灯引路，船主携了一捆纸钱跟在后面走。大家沉默的成一队，不作一声。

这船主，有两坛洋钱，一个得力的拦头的水手。洋钱是死东西，他担心这钱会终有一天要失去，还仍然睡在那里不动，却不料到太阳一落坡，就得把一个好好的活人送到蒲苇村去埋到土里。请想想，这突变怎样处置那死者的母亲同外祖母呢？不过说到这件事，自然是哭一阵罢了。乡下的妇人，眼泪容易流，也容易止，过一阵，自然就会慢慢的把这事情忘记，所以这里不再说及这事了。

因为这事情的发生，这船重复把石子装到 ×× 市交卸时，误时了一天。在无论如何解释争持下，这船主还是被扣去洋三元，在八牛方面船主又损失了将近十元，这事情，就在这赔本意义上告了结束了。

船重到康村时，本来下了决心的船主，是要把这两坛银钱运到 ×× 市去的，但一拢岸就听到吹喇叭声音，康村住了兵，太平无事了。船泊到原处，船伙仍然上岸去赌钱，这船主，就坐到后艄看水流。河水汤汤的流去，仿佛水中有八牛在快乐天真的拍水游泳，日头落山天气慢慢夜了下来，升了拦头的喜保，把湿柴放到锅灶里去，侧脸吹着火，烟子成缕往上窜，又即刻被风吹散浮到河面如奶色的雾。船主觉到凄凉，第一次作着孩子的行为，上次没有流过泪的眼，如今却潮湿了。

伙计上船了，喜保向赢了钱的船伙之一，作着只有水手们才能作的打趣，说："把你赢了的钱买点纸烧给八牛，八牛保佑了你。"

这人吃过饭，就当真买了两斤纸钱放在岸上烧，火的红光照到水面。大家望到这火光都无言语。

作于 1928 年

渔

这时长空无云，天作深蓝，星月嵌天空如宝石，水边流萤来去如仙人引路的灯，荒滩上蟋蟀三两嘈嘈作声，清越沉郁，使人想象到这英雄独在大石块罅隙间徘徊阔步，为爱情所苦闷大声呼喊的情形，为之肃然起敬。

七月的夜。华山寨山半腰天王庙中已打了起更鼓，沿乌鸡河水边捕鱼的人，携箩背刀，各人持火把，满河布了罾罶。

各处听到说话声音，大人小孩全有。中间还有妇人锐声喊叫，如夜静闻山冈母狗叫更。热闹中见着沉静，大家还听到各人手上火把的爆裂。仿佛人人皆想从热闹中把时间缩短，一切皆齐备妥帖，只等候放药了。

大家皆在心中作一种估计，对时间加以催促，盼望那子时到来。到子时，在上游五里，放药的，放了通知炮，打着锣，把小船在滩口一翻，各人泅水上岸。所有小船上石灰、辣蓼、油枯合成的毒鱼药，沉到水中，与水融化，顺流而下所有河中鱼虾，遭了劫数，不到一会，也就将头昏眼花浮于水面，顺流而下入到人们手中了。

去子时还早，负了责任，在上游沉船，是弟兄两个。这弟兄是华山寨有名族人子弟之一脉。在那里，有两族极强，属于甘家为大族，属于吴家为小族。小族因为族小，为生存竞争，子弟皆强梁如虎如豹。大族则族中出好女人，多富翁，族中读书识字者比持刀弄棒者为多。像世界任何种族一样，两族中在极远一个时期中在极小事情上结下了冤仇，直到最近为止，机会一来即有争斗发生。

过去一时代，这仇视，传说竟到了这样子。两方约集了相等人数，在田坪中极天真的互相流血为乐，男子向前作战，女人则站到山上呐喊助威。交锋了，棍棒齐下，金鼓齐鸣，软弱者毙于重击下，胜利者用红血所染的巾缠于头上，矛尖穿着人头，唱歌回家，用人肝作下酒物，此尤属平常事情。最天真的还是各人把活捉俘虏拿回，如杀猪般把人杀死，洗刮干净，切成方块，加油盐香料，放大锅中把文武火煨好，抬到场上，一人打小锣，大喊“吃肉吃肉，百钱一块”。凡有呆气汉子，不知事故，想一尝人肉，走来试吃一块，则得钱一百。然而更妙的，却是在场的另一端，也正有人在如此喊叫，或竟加钱至两百文。在吃肉者大约也还有得钱以外在火候咸淡上加以批评的人。这事情到近日说来自然是故事了。

近日因为地方进步，一切野蛮习气已荡然无存，虽有时仍不免有一二人藉械斗为由，聚众抢掠牛羊，然虚诈有余而勇敢不足，完全与过去习俗两样了。

甘姓住河左，吴姓住河右，近来如河中毒鱼一类事情，皆两族合作，族中当事人先将欢喜寻事的分子加以约束，不许生事，所以人各身边佩刀，刀的用处却只是撩取水中大鱼，不想到作其他用途了。那弟兄姓吴，为孪生，模样如一人，身边各佩有宝刀一口，这宝刀，本来是家传神物，当父亲落气时，在给这弟兄此刀时，同时嘱咐了话一句，说：这应当流那曾经流过你祖父血的甘姓第七派属于朝字辈仇人的血。说了这话父亲即死去。然而到后这弟兄各处一访问，这朝字辈甘姓族人已无一存在，只闻有一女儿也早已在一次大水时为水冲去，这仇无从去报，刀也终于用来每年砍鱼或打猎时砍野猪这类事上去了。

时间一久，这事在这一对孪生弟兄心上自然也渐渐忘记了。

今夜间，他们把船撑到了应当沉船的地方，天还刚断黑不久。地方是荒滩，相传在这地方过去两百年以前，甘吴两姓族人曾在此河岸各聚了五百余彪壮汉子大战过一次，这一战的结果是两方同归于尽，无一男子生还。因为流血过多，所以这地两岸石块皆作褐色，仿佛为人血所渍而成。这事情也好像不尽属诸传说，因为岸上还有司官所刊石牌存在。这地方因为有这样故事，所以没有人家住，但又因为来去小船所必经，在数十年前就有了一个庙，有了庙则撑夜船过此地的人不至于心虚了。庙在岸旁山顶，住了一个老和尚，因为山也荒凉，到庙中去烧香的人似乎也很少了。

这弟兄俩把船撑到了滩脚，看看天空，时间还早，所燃的定时香也还有五盘不曾燃荆其中之一先出娘胎一个时刻的那哥哥说："时间太早，天上 ×× 星还不出。"

"那我们喝酒。"

船上本来带得有一大葫芦酒，一腿野羊肉，一包干豆子。

那弟弟就预备取酒。这些东西同那两个大炮仗，全放在一个箩筐里，上面盖着那面铜锣。

哥哥说："莫忙，时间还早得很，我们去玩吧。"

"好。我们去玩，把船绳用石头压好。"

要去玩，上滩有一里，才有人家祝下滩则也有一里，就有许多人在沿河两岸等候浮在水面中了毒的鱼漂下来。向下行是无意思的事，而且才把船从那地方撑来。然而向上行呢，把荒滩走完，还得翻一小岭，或者沿河行，绕一个大弯，才能到那平时也曾有酒同点心之类可买的人家在。

哥哥赞成上岸玩，到山上去，看庙，因为他知道这时纵向上走，到了那卖东西地方，这卖东西的人也许早到两三里的下游等候捕鱼去了。那弟弟说不行，因为那上面有水碾坊，碾坊中有熟人可以谈话。他一面还恐怕熟人不知道今天下游毒鱼事，他想顺便邀熟人来，在船上谈天，沉了船，再一同把小船抬起，坐到下游去赶热闹。他的刀在前数日已拂拭得锋利无比，应当把那河中顶大的鱼砍到才是这年青人与刀的本分。不拘如何两人是已跳到河边干滩上了。

哥哥说："到庙中去看看那和尚，我还是三年前到过那地方。"

"我想到碾房，"弟弟说，他同时望到天上的星月，不由得不高声长啸，"好天气！"

天气的确太好，哥哥也为这风光所征服了，在石滩上如一匹小马，来去作小跑。

这时长空无云，天作深蓝，星月嵌天空如宝石，水边流萤来去如仙人引路的灯，荒滩上蟋蟀三两嘒嘒作声，清越沉郁，使人想象到这英雄独在大石块罅隙间徘徊阔步，为爱情所苦闷大声呼喊的情形，为之肃然起敬。

弟弟因为蟋蟀声音想起忘了携带笛子。

"哥哥若是有笛，我们可以唱歌。"

那哥哥不作声，仍然跑着，忽然凝神静听，听出山上木鱼声音了。

"上山去，看那和尚去，这个时候还念经！"

弟弟没有答应，他在想到月下的鬼怪，但照例，作弟弟的无事不追随阿兄，哥哥已向山上走去，弟弟也跟到后面来了。

人走着。月亮的光照到滩上，大石的一面为月光所不及，如躲有鬼魔。水虫在月光下各处飞动，振翅发微声，从头上飞过时，俨然如虫背上皆骑有小仙女。鼻中常常嗅着无端而来的一种香气，远处滩水声音则正像母亲闭目唱安慰儿子睡眠的歌。大地是正在睡眠，人在此时也全如梦中。

“哥哥，你小心蛇。”这弟弟说着，自己把腰间一把刀拉出鞘了。

“汉子怕蛇吗？”哥哥这样说着，仍然堂堂朝前走。

上了高岸，人已与船离远有三十丈了。望到在月光中的船，一船黑色毒鱼物料像一只水牛。船在粼粼波光中轻轻摇摆，如极懂事，若无系绳，似乎自动也会在水中游戏。又望到对河远处平冈，浴在月色中，一抹淡灰。下游远处水面则浮有一层白雾，如淡牛奶，雾中还闪着火光，一点二点。

他们在岸上不动，哥哥想起了旧事。

“这里死了我们族中五百汉子。他们也死了五百。”

说到这话，哥哥把刀也哗的拔出鞘了，顺手砍路旁的小树，哕哕作响，树枝砍断了不少，那弟弟也照到这样作去。哥哥一面挥刀一面说道：“爹爹过去时说的那话你记不记到？我们的刀是为仇人的血而锋利的。只要我有一天遇到这仇人，我想这把刀就会喝这人的血。不过我听人说，朝字辈烟火实在已绝了，我们的仇是报不成了。这刀真委屈了，如今是这样用处，只有砍水中的鱼，山上的猪。”

“哥哥，我们上去，就走。”

“好，就上去吧，我当先。”

这两弟兄就从一条很小很不整齐的毛路走向山顶去。

他们慢慢的从一些石头上踹过，又从一些毛草中走过，越走与山庙越近，与河水越离远了。两弟兄到半山腰停顿了一会，回头望山下，山下一切皆如梦中景致。向山上走去时，有时忽听到木鱼声音较近，有时反觉渐远。到了山腰一停顿，略略把喘息一定，就清清楚楚听到木鱼声音以外还有念经声音了。稍停一会这两弟兄就又往上走去，哥哥把刀向左右劈，如在一种危险地方，一面走一面又同弟弟说话。

“……”

他们到了山庙门前了，静悄悄的庙门前，山神土地小石屋中还有一盏微光如豆的灯火。月光洒了一地，一方石板宽坪还有石桌石椅可供人坐。和尚似乎毫无知觉，木鱼声朗朗起自庙里，那弟弟不愿意拍门。

“哥，不要吵闹了别人。”

这样说着，自己就坐到那石凳上去。而且把刀也放在石桌上了，他同时顺眼望到一些草花，似经人不久采来散乱的丢到那里。弟弟诧异了，因为他以为这绝对不是庙中和尚做的事。这年青人好事多心，把花拈起给他哥哥看。

“哥哥，这里有人来！”

“那并不奇怪，砍柴的年青人是会爬到这里来烧香求神，想从神佑得到女人的心的。”

“我可是那样想，我想这是女人遗下的东西。”

“就是这样，这花也很平常。”

“但倘若这是甘姓族中顶美貌的女人？”

“这近于笑话。”

“既然可以猜详它为女人所遗，也就可以说它为美女子所遗了，我将拿回去。”

“只有小孩才做这种事，你年青，要拿去就拿去好了，但可不要为这苦恼，一个聪明人是常常自己使自己不愉快的。”

“莫非和尚藏……”

说这样话的弟弟，自己忽然忍住了，因为木鱼声转急，像念经到末一章了。那哥哥，在坪中大月光下舞刀，作刺劈种种优美姿势，他的心，只在刀风中来去，进退矫健不凡，这汉子可说是吴姓族最纯洁的男子了。至于弟弟呢，他把那已经半憔悴了掷到石桌上的山桂野菊拾起，藏到麂皮抱肚中，这人有诗人气分，身体不及阿哥强，故于事情多遐想而少成就，他这时只全不负责的想象这是一个女子所遗的花朵。照乌鸡河华山寨风俗，则女人遗花被陌生男子拾起，这男子即可进一步与女人要好唱歌，把女人的心得到。这年青汉子，还不明白女人究竟是怎么一回事，只因为凡是女人声音颜色形体皆趋于柔软，一种好奇的欲望使他对女人有一种狂热，如今是又用这花为依据，将女人的偶像安置在心上了。

这孩子平时就爱吹笛唱歌，这时来到这山顶上，明月清风使自己情绪缥缈，先是不让哥哥拍打山门，恐惊吵了和尚的功课，到这时，却情不自已，轻轻的把山歌唱起来了。

他用华山寨语言韵脚，唱着这样意思：

你脸白心好的女人，
在梦中也莫忘记带一把花，
因为这世界，也有做梦的男子。
无端梦在一处时你可以把花给他。

唱了一段，风微微吹到脸上，脸如为小手所摩，就又唱道：

柔软的风摩我的脸，
我像是站在天堂的门边——
这时，我等候你来开门，
不拘那一天我不嫌迟。

出于两人意料以外的，是这时山门旁的小角门，忽然訇的开了，和尚打着知会，说：“对不起，惊动了。”

那哥哥见和尚出来了，也说：

“对不起师傅，半夜三更惊吵了师傅。”

和尚连说“哪里哪里”走到那弟弟身边来。这和尚身穿一身短僧服，大头阔肩，人虽老迈，精神勃勃，还正如小说上所描画的有道高僧。见这两兄弟都有刀，就问：“是第九族子弟么？”

那哥哥恭恭敬敬说：“不错，属于宗字辈。”

“那是 ×× 先生的公子了。”

“很惭愧的，无用的弟兄辱没了第九族吴姓。”

“×× 先生是过去很久了。”

“是的。师傅是同先父熟了。”

“是的。我们还……”

这和尚，想起了什么再不说话，他一面细细的端详月光下那弟兄的脸，一面沉默在一件记忆里。

那哥哥就说：“四年前曾到过这庙中一次，没有同师傅谈话。”

和尚点头。和尚本来是想另一件事情，听到这汉子说，便随便的点着头，遮掩了自己的心事。他望到那刀了，就赞不绝口，说真是宝刀。那弟弟把刀给他看，他拿刀在手，略一挥动，却便飕飕风生，寒光四溢。弟弟天真的抚着掌："师傅大高明，大高明。"

和尚听说到此，把刀仍然放到石桌上，自己也在一个石凳上坐下了。和尚笑，他说："两个年青人各带这样一把好刀，今天为什么事来到这里？"

哥哥说："因为村中毒鱼派我们坐船来倒药。"

"众生在劫，阿弥陀佛。"

"我们在滩下听到木鱼声音，才想起上山来看看。到了这里，又恐怕妨碍了师傅晚课，所以就在门前玩。"

"我听到你们唱歌，先很奇怪，因为夜间这里是不会有人来的。这歌是谁唱的，太好了，你们谁是哥哥呢？我只听人说到过××先生得过一对双生。"

"师傅看不出么？"

那哥哥说着且笑，具有风趣的长年和尚就指他："你是大哥，一定了。那唱歌的是这一位了。"

弟弟被指定了，就带羞的说："很可笑的事，是为师傅听到。"

"不要紧，师傅耳朵听过很多了，还不止听，在年青时也就做着这样事，过了一些日子。你说天堂的门，可惜这里只一个庙门，庙里除了菩萨就只老僧。但是既然来了，也就请进吧。看看这庙，喝一杯蜜茶，天气还早得很。"

这弟兄无法推辞，就伴同和尚从小角门走进庙里，一进去是一个小小天井，有南瓜藤牵满的棚架，又有指甲草花，有鱼缸同高脚香炉，月光洒满院中，景致极美。他们就在院中略站，那弟弟是初来，且正唱完歌，情调与这地方同样有诗意，就说："真是好地方，想不到这样好！"

"哪里的事。地方小，不太肮脏就是了。我一个人在这里，无事栽一点花草，这南瓜，今年倒不错，你瞧，没有撑架子，恐怕全要倒了。"

和尚为指点南瓜看，到后几人就进了佛堂，师傅的住处在佛堂左边，他们便到了禅房，很洒脱的坐到工夫粗糙的大木椅上，喝着和尚特制款客的蜜茶。

谈了一会。把乌鸡河作中心，凡是两族过去许多故事皆谈到了，有些为这两个年青人不知道，有些虽知道也没有这样清楚，谈得两个年青人非常满意。并且，从和尚方面，又隐隐约约知道所谓朝字辈甘姓族人还有存在的事情。这弟兄把这事都各默默记到心上，不多言语。他们到后又谈到乌鸡河沿岸的女人……和尚所知道太多，正像知道太多，所以成为和尚了。

当这两个弟兄起身与和尚告辞时，还定下了后一回约。两个年青人一前一后的下了山，不到一会就到了近河的高岸了。

月色如银，一切都显得美丽和平。风景因夜静而转凄清，这时天上正降着薄露。那弟弟轻轻吹着口哨，在哥哥身后追随。他们下了高岸降到干滩上，故意从此一大石上跃过彼一大石，不久仍然就到了船边。

弟弟到船上取酒取肉，手摸着已凝着湿露的铜锣，才想到不知定时香是否还在燃。过去一看，在还余着三转的一个记号上已熄灭了，那弟弟就同岸上的哥哥说："香熄了，还剩三盘，不知在什么时候熄去？"

"那末看星，姊妹星从北方现出，是三更子正，你看吧，还早！"

"远天好像有风。"

"不要紧，风从南方过去，云在东，也无妨。"

"你瞧，星子全在眨眼！"

"是咧，不要紧。"

阿哥说着也走近船边了，用手扶着船头一枝篙，摇荡着，且说："在船上喝吧，好坐。"

那弟弟不同意，到底这人心上天真较多，他要把酒拿到河滩大石上去喝，因为那较之在船中有趣。这事自然仍然是他胜利了，他们一面在石上喝酒，一面拔刀割麂肉吃，哥哥把酒葫芦倒举，嘴与葫芦嘴相接咕嘟咕嘟向肚中灌。

天气忽然变了。一葫芦酒两人还未喝完，先见东方小小的云，这时已渐扯渐阔，星子闪动的更多了。

“天气坏下来了，怎么办？”

“我们应当在此等候，我想半夜决不会落雨。”

“恐怕无星子，看不出时间。”

“那有鸡叫。听鸡叫三更，就倒药下水。”

“我怕有雨。”

“有雨也总要到天明时，这时也应当快转三更了。”

“……”

“怎么？”

“我想若是落了雨，不如坐船下去，告他们，省得涨了水可惜这一船药。”

“你瞧，这哪里会落雨？你瞧月亮，那么明朗。”

那哥哥，抬头对月出神，过了一会，忽然说：“山上那和尚倒不错，他说他知道我们的仇人，同父亲也认识。”

“我们为什么忘了问他俗姓。”

“那他随便说说也得。”

“他还说唱歌，那和尚年青时可不知做了些什么坏事，直到了这样一把年纪，出了家，还讲究这些事情！”

……

把和尚作中心，谈到后来，那一葫芦酒完了，那一腿野羊肉也完了。到了只剩下一堆豆子时，远处什么地方听到鸡叫了。

鸡叫只一声，则还不可信，应当来回叫，互相传递才为子时。这鸡声，先是一处，到后各处远地方都有了回唱，那哥哥向天上北方星群中搜索那姊妹星，还不曾见到那星子。弟弟说："幸而好，今夜天气仍然是好的。鸡叫了，我们放炮倒药吧。"

"不行，还早得很，星子还不出来！"

"把船撑到河中去不好么？"

"星子还不出，到时星子会出的。"

那作弟弟的，虽然听到哥哥说这样话，但酒肉已经告罄，也没有必需呆坐在这石上的理由了就跳下石头向船边奔去。

他看了一会汤汤流去的水，又抬起头来看天上的星。

这时风已全息了。山上的木鱼声亦已寂然无闻。虽远处的鸡与近身荒滩上的虫，声音皆无一时停止，但因此并不显出这世界是醒着。一切光景只能说如梦如幻尚仿佛可得其一二，其他刻划皆近于多余了。

过一会，两人脱了衣，把一切东西放到滩上干处，赤身的慢慢把船摇到河中去。船应撑到滩口水急处，那弟弟就先下水，推着船尾前进，在长潭中游泳着，用脚拍水，身后的浪花照到月光下皆如银子。

不久候在下游的人就听到炮声了，本来是火把已经熄了的，于是全重新点燃了，沿河数里皆火把照耀，人人低声呐喊，有如赴敌，时间是正三更，姊妹星刚刚发现。过了一小时左右，吴家弟兄已在乌鸡河下游深可及膝的水中，挥刀斫取鱼类了。那哥哥，勇敢如昔年战士，在月光下挥刀撩砍水面为药所醉的水蛇，似乎也报了大仇。那弟弟则一心想到旁的事情，篓中无一成绩。

关于报仇，关于女人恋爱，都不是今夜的事，今夜是“渔”。当夜是真有许多幸运的人，到天明以前，就得到许多鱼回家，使家中人欢喜到吃惊的事。那吴家年青一点的汉子，他只得一束憔悴的花。

下过药的乌鸡河，直到第二天，还有小孩子在浅滩上捡拾鱼虾。这事情每年有一次，像过节划龙船。

作于 1929 年

萧萧

做媳妇时年纪十二岁，有一个小丈夫，年纪还不到三岁，她喊他做弟弟。她每天应作的事是抱弟弟到村前柳树下去玩，到溪边去玩，摘南瓜花或狗尾草戴到小丈夫头上，在那肮脏的小脸上亲了又亲，孩子于是便笑了……

乡下人吹唢呐接媳妇，到了十二月是成天会有的事情。

唢呐后面一顶花轿，四个伕子平平稳稳的抬着。轿中人被铜锁锁在里面，虽穿了平时不上过身的体面红绿衣裳，也仍然得荷荷大哭。在这些小女人心中，做新娘子，从母亲身边离开，且准备作他人的母亲，从此将有许多新事情等待发生。像做梦一样，将同一个陌生男子汉在一个床上睡觉，做着承宗接祖的事情，这些事想起来，当然有些害怕，所以照例觉得要哭哭，于是就哭了。

也有做媳妇不哭的人。萧萧做媳妇就不哭。这小女子没有母亲，从小寄养到伯父种田的庄子上，出嫁只是从这家转到那家。因此到那一天这小女人还只是笑。她又不害羞，又不怕，她是什么事也不知道，就做了人家的媳妇了。

萧萧做媳妇时年纪十二岁，有一个小丈夫，年纪还不到三岁。丈夫比她年少九岁，断奶还不多久。地方规矩如此，过了门，她喊他做弟弟。她每天应作的事是抱弟弟到村前柳树下去玩，到溪边去玩，饿了，喂东西吃，哭了，就哄他，摘南瓜花或狗尾草戴到小丈夫头上，或者亲嘴，一面说："弟弟，哪，再来。"在那肮脏的小脸上亲了又亲，孩子于是便笑了。

孩子一欢喜兴奋，行动粗野起来，会用短短的小手乱抓萧萧的头发。那是平时不大能收拾蓬蓬松松在头上的黄发。有时候，垂到脑后那条小辫儿被拉得太久，把红绒线结也弄松了，生气了，就挞那弟弟，弟弟自然哇的哭出声来，萧萧便也装成要哭的样子，用手指着弟弟的哭脸，说："哪，人不讲理，可不行！"

天晴落雨日子混下去，每日抱抱丈夫，也帮家中作点杂事，能动手的就动手。又时常到溪沟里去洗衣，搓尿片，一面还捡拾有花纹的田螺给坐到身边的丈夫玩。到了夜里睡觉，便常常做这种年龄人所做的梦，梦到后门角落或别的什么地方捡得大把大把铜钱，吃好东西，爬树，自己变成鱼到水中各处溜。或一时仿佛身子很小很轻，飞到天上众星中，没有一个人，只是一片白，一片金光，于是大喊"妈！"人就吓醒了。醒来心还只是跳。吵了隔壁的人，不免骂着，"疯子，你想什么！白天疯玩，晚上就做梦！"萧萧听着却不作声，只是咕咕的笑。也有很好很爽快的梦，为丈夫哭醒的事。那丈夫本来晚上在自己母亲身边睡，有时吃多了，或因另外情形，半夜大哭，起来放水拉稀是常有的事。丈夫哭到婆婆无可奈何，于是萧萧轻脚轻手爬起床来，睡眼蒙眬走到床边，把人抱起，给他看月亮，看星光。或者互相觑着，孩子气的"嗨嗨，看猫呵”那样喊着哄着，于是丈夫笑了，玩了一会，慢慢合上眼。人睡了，放上床，站在床边看着，听远处一递一声的鸡叫，知道天快到什么时候了，于是仍然蜷到小床上睡去。天亮了，虽不做梦，却可以无意中闭眼开眼，看一阵在面前空中变幻无端的黄边紫心葵花，那是一种真正的享受。

萧萧嫁过了门，做了拳头大丈夫的小媳妇，一切并不比先前受苦，这只看她半年来身体发育就可明白。风里雨里过日子，像一株长在园角落不为人注意的蓖麻，大叶大枝，日增茂盛。这小女人简直是全不为丈夫设想那么似的，一天比一天长大起来了。

夏夜光景说来如做梦。大家饭后坐到院中心歇凉，挥摇蒲扇，看天上的星同屋角的萤，听南瓜棚上纺织娘子咯咯咯拖长声音纺车，远近声音繁密如落雨，禾花风悠悠吹到脸上，正是让人在各种方便中说笑话的时候。

萧萧好高，一个人常常爬到草料堆上去，抱了已经熟睡的丈夫在怀里，轻轻的轻轻的随意唱着那自编的山歌，唱来唱去却把自己也催眠起来，快要睡去了。

在院坝中，公公婆婆，祖父祖母，另外还有帮工汉子两个，散乱的坐在小板凳上，摆龙门阵学古，轮流下去打发上半夜。

祖父身边有个烟包，在黑暗中放光。这用艾蒿作成的烟包，是驱逐长脚蚊的得力东西，蜷在祖父脚边，就如一条乌梢蛇。间或又拿起来晃那么几下。

想起白天场上的事，那祖父开口说话：

“听三金说，前天又有女学生过身。”

大家就哄然笑了。

这笑的意义何在？只因为大家印象中，都知道女学生没有辫子，留下个鹌鹑尾巴，像个尼姑，又不完全像。穿的衣服像洋人又不像洋人，吃的，用的……总而言之事事不同，一想起来就觉得怪可笑！

萧萧不大明白，她不笑。所以老祖父又说话了。他说：“萧萧，你长大了，将来也会做女学生！”

大家于是更哄然大笑起来。

萧萧为人并不愚蠢，觉得这一定是不利于己的一件事情，所以接口便说：“爷爷，我不做女学生！”

“你像个女学生，不做可不行。”

“我不做。”

众人有意取笑，异口同声说：“萧萧，爷爷说得对，你非做女学生不行！”

萧萧急得无可如何：“做就做，我不怕。”其实做女学生有什么不好，萧萧全不知道。

女学生这东西，在本乡的确永远是奇闻。每年一到六月天，据说放“水假”日子一到，照例便有三三五五女学生，由一个荒谬不经的热闹地方来，到另一个远地方去，取道从本地过身。从乡下人眼中看来，这些人都近于另一世界中活下的人，装扮奇奇怪怪，行为更不可思议。这种女学生过身时，使一村人都可以说一整天的笑话。

祖父是当地一个人物，因为想起所知道的女学生在大城中的生活情形，所以说笑话要萧萧也去作女学生。一面听到这话就感觉一种打哈哈趣味，一面还有那被说的萧萧感觉一种惶恐，说这话的不为无意义了。

女学生由祖父方面所知道的是这样一种人：她们穿衣服不管天气冷热，吃东西不问饥饱，晚上交到子时才睡觉，白天正经事全不作，只知唱歌打球，读洋书。她们都会花钱，一年用的钱可以买十六只水牛。她们在省里京里想往什么地方去时，不必走路，只要钻进一个大匣子中，那匣子就可以带她到地。她们在学校，男女一处上课，人熟了，就随意同那男子睡觉，也不要媒人，也不要财礼，名叫“自由”。她们也做州县官，带家眷上任，男子仍然喊作老爷，小孩子叫少爷。

她们自己不喂牛，却吃牛奶羊奶，如小牛小羊；买那奶时是用铁罐子盛的。她们无事时到一个唱戏地方去，那地方完全像个大庙，从衣袋中取出一块洋钱来（那洋钱在乡下可买五只母鸡），买了一小方纸片儿，拿了那纸片到里面去，就可以坐下看洋人扮演影子戏。她们被冤了，不赌咒，不哭。她们年纪有老到二十四岁还不肯嫁人的，有老到三十四十还好意思嫁人的。她们不怕男子，男子不能使她们受委屈，一受委屈就上衙门打官司，要官罚男子的款，这笔钱她有时独占自己花用，有时同官平分。她们不洗衣煮饭，也不养猪喂鸡；有了小孩子也只花五块钱、十块钱一月，雇人专管小孩，自己仍然整天看戏打牌，读那些没有用处的闲书……总而言之，说来事事都希奇古怪，和庄稼人不同，有的简直可以说岂有此理。这时经祖父一为说明，听过这话的萧萧，心中却忽然有了一种模模糊糊的愿望，以为倘若她也是个女学生，她是不是照祖父说的女学生一个样子去做那些事？

不管好歹，做女学生并不可怕，因此一来却已为这乡下姑娘体念到了。

因为听祖父说起女学生是怎样的人物，到后萧萧独自笑得特别久。笑够了时，她说："祖爹，明天有女学生过路，你喊我，我要看看。"

"你看，她们捉你去作丫头。"

"我不怕她们。"

"她们读洋书念经你也不怕？"

"念观音菩萨消灾经，念紧箍咒，我都不怕。"

“她们咬人，和做官的一样，专吃乡下人，吃人骨头渣渣也不吐，你不怕？”

萧萧肯定的回答说：“也不怕。”

可是这时节萧萧手上所抱的丈夫，不知为什么，在睡梦中哭了，媳妇于是用作母亲的声势，半哄半吓说：“弟弟，弟弟，不许哭，不许哭，女学生咬人来了。”

丈夫还仍然哭着，得抱起各处走走。萧萧抱着丈夫离开了祖父，祖父同人说另外一样古话去了。

萧萧从此以后心中有个“女学生”。做梦也便常常梦到女学生，且梦到同这些人并排走路。仿佛也坐过那种自己会走路的匣子，她又觉得这匣子并不比自己跑路更快。在梦中那匣子的形体同谷仓差不多，里面有小小灰色老鼠，眼珠子红红的，各处乱跑，有时钻到门缝里去，把个小尾巴露在外边。

因为有这样一段经过，祖父从此喊萧萧不喊“小丫头”，不喊“萧萧”，却唤作“女学生”。在不经意中萧萧答应得很好。

乡下的日子也如世界上一般日子，时时不同。世界上人把日子糟蹋，和萧萧一类人家把日子吝惜是同样的，各有所得，各属分定。许多城市中文明人，把一个夏天全消磨到软绸衣服、精美饮料以及种种好事情上面。萧萧的一家，因为一个夏天的劳作，却得了十多斤细麻，二三十担瓜。

作小媳妇的萧萧，一个夏天中，一面照料丈夫，一面还绩了细麻四斤。到秋八月工人摘瓜，在瓜间玩，看硕大如盆上面满是灰粉的大南瓜，成排成堆摆到地上，很有趣味。时间到摘瓜，秋天真的已来了，院子中各处有从屋后林子里树上吹来的大红大黄木叶。萧萧在瓜旁站定，手拿木叶一束，为丈夫编小笠帽玩。

工人中有个名叫花狗，年纪二十三岁，抱了萧萧的丈夫到枣树下去打枣子。小小竹竿打在枣树上，落枣满地。

“花狗大[①]，莫打了，太多了吃不完。”

虽听这样喊，还不停手。到后，仿佛完全因为丈夫要枣子，花狗才不听话。萧萧于是又喊他那小丈夫：“弟弟，弟弟，来，不许捡了。吃多了生东西肚子痛！”

丈夫听话，兜了一堆枣子向萧萧身边走来，请萧萧吃枣子。

“姐姐吃，这是大的。”

“我不吃。”

“要吃一颗！”

她两手哪里有空！木叶帽正在制边，工夫要紧，还正要个人帮忙！

“弟弟，把枣子喂我口里。”

---

① “大”即“大哥”简称。

丈夫照她的命令作事，作完了觉得有趣，哈哈大笑。

她要他放下枣子帮忙捏紧帽边，便于添加新木叶。

丈夫照她吩咐作事，但老是顽皮的摇动，口中唱歌。这孩子原来像一只猫，欢喜时就得捣乱。

“弟弟，你唱的是什么？”

“我唱花狗大告我的山歌。”

“好好的唱一个给我听。”

丈夫于是就唱下去，照所记到的歌唱：

天上起云云起花，
包谷林里种豆荚，
豆荚缠坏包谷树，
娇妹缠坏后生家。
天上起云云重云，
地下埋坟坟重坟，
娇妹洗碗碗重碗，
娇妹床上人重人。

歌中意义丈夫全不明白，唱完了就问好不好。萧萧说好，并且问跟谁学来的。她知道是花狗教的，却故意盘问他。

“花狗大告我，他说还有好歌，长大了再教我唱。”

听说花狗会唱歌，萧萧说：

“花狗大，花狗大，您唱一个好听的歌我听听。”

那花狗，面如其心，生长得不很正气，知道萧萧要听歌，人也快到听歌的年龄了，就给她唱“十岁娘子一岁夫”。那故事说的是妻年大，可以随便到外面作一点不规矩事情，夫年小，只知道吃奶，让他吃奶。这歌丈夫完全不懂，懂到一点儿的是萧萧。把歌听过后，萧萧装成“我全明白”那种神气，她用生气的样子，对花狗说：“花狗大，这个不行，这是骂人的歌！”

花狗分辩说：“不是骂人的歌。”

“我明白，是骂人的歌。”

花狗难得说多话，歌已经唱过了，错了赔礼，只有不再唱。他看她已经有点懂事了，怕她回头告祖父，会挨一顿臭骂，就把话支开，扯到“女学生”上头去。他问萧萧，看没看过女学生习体操唱洋歌的事情。

若不是花狗提起，萧萧几乎已忘却了这事情。这时又提到女学生，她问花狗近来有没有女学生过路，她想看看。

花狗一面把南瓜从棚架边抱到墙角去，告她女学生唱歌的事，这些事的来源还是萧萧的那个祖父。他在萧萧面前说了点大话，说他曾经到官路上见到四个女学生，她们都拿得有旗子，走长路流汗喘气之中仍然唱歌，同军人所唱的一模一样。不消说，这自然完全是胡诌的笑话。可是那故事把萧萧可乐坏了。因为花狗说这个就叫做“自由”。

花狗是“起眼动眉毛，一打两头翘”会说会笑的一个人。

听萧萧带着歆羡口气说：“花狗大，你膀子真大。”他就说，“我不止膀子大。”

“你身个子也大。”

“我全身无处不大。”

到萧萧抱了她的丈夫走去以后，同花狗在一起摘瓜，取名字叫哑巴的，开了平时不常开的口，他说：“花狗，你少坏点。人家是十三岁黄花女，还要等十年才圆房！”

花狗不做声，打了那伙计一掌，走到枣树下捡落地枣去了。

到摘瓜的秋天，日子计算起来，萧萧过丈夫家有一年了。

几次降霜落雪，几次清明谷雨，一家人都说萧萧是大人了。天保佑，喝冷水，吃粗粝饭，四季无疾病，倒发育得这样快。婆婆虽生来像一把剪子，把凡是给萧萧暴长的机会都剪去了，但乡下的日头同空气都帮助人长大，却不是折磨可以阻拦得祝萧萧十五岁时高如成人，心却还是一颗糊糊涂涂的心。

人大了一点，家中做的事也多了一点。绩麻、纺车、洗衣、照料丈夫以外，打猪草推磨一些事情也要作，还有浆纱织布。凡事都学，学学就会了。乡下习惯，凡是行有余力的都可从劳作中攒点私房，两三年来仅仅萧萧个人分上所聚集的粗细麻和纺就的棉纱，已够萧萧坐到土机上抛三个月的梭子了。

丈夫早断了奶。婆婆有了新儿子，这五岁儿子就像归萧萧独有了。不论做什么，走到什么地方去，丈夫总跟到身边。

丈夫有些方面很怕她，当她如母亲，不敢多事。他们俩“感情不坏”。

地方稍稍进步，祖父的笑话转到“萧萧你也把辫子剪去好自由”那一类事上去了。听着这话的萧萧，某个夏天也看过一次女学生，虽不把祖父笑话认真，可是每一次在祖父说过这笑话以后，她到水边去，必用手捏着辫子梢梢，设想没有辫子的人那种神气，那点趣味。

因为打猪草，带丈夫上螺蛳山的山阴是常有的事。

小孩子不知事，听别人唱歌也唱歌。一唱歌，就把花狗引来了。

花狗对萧萧生了另外一种心，萧萧有点明白了，常常觉得惶恐不安。但花狗是男子，凡是男子的美德恶德都不缺少，劳动力强，手脚勤快，又会玩会说，所以一面使萧萧的丈夫非常欢喜同他玩，一面一有机会即缠在萧萧身边，且总是想方设法把萧萧那点惶恐减去。

山大人小，到处树木蒙茸，平时不知道萧萧所在，花狗就站在高处唱歌逗萧萧身边的丈夫；丈夫小口一开，花狗穿山越岭就来到萧萧面前了。

见了花狗，小孩子只有欢喜，不知其他。他原要花狗为他编草虫玩，做竹箫哨子玩，花狗想方法支使他到一个远处去找材料，便坐到萧萧身边来，要萧萧听他唱那使人开心红脸的歌。她有时觉得害怕，不许丈夫走开；有时又像有了花狗在身边，打发丈夫走去反倒好一点。终于有一天，萧萧就这样给花狗把心窍子唱开，变成个妇人了。

那时节，丈夫走到山下采刺莓去了，花狗唱了许多歌，到后却向萧萧唱：娇家门前一重坡，别人走少郎走多，铁打草鞋穿烂了，不是为你为哪个？

末了却向萧萧说："我为你睡不着觉。"他又说他赌咒不把这事情告给人。听了这些话仍然不懂什么的萧萧，眼睛只注意到他那一对粗粗的手膀子，耳朵只注意到他最后一句话。

末了花狗大便又唱歌给她听。她心里乱了。她要他当真对天赌咒，赌了咒，一切好像有了保障，她就一切尽他了。到丈夫返身时，手被毛毛虫螫伤，肿了一片，走到萧萧身边。萧萧捏紧这一只小手，且用口去呵它，吮它，想起刚才的糊涂，才仿佛明白自己作了一点不大好的糊涂事。

花狗诱她做坏事情是麦黄四月，到六月，李子熟了，她欢喜吃生李子。她觉得身体有点特别，在山上碰到花狗，就将这事情告给他，问他怎么办。

讨论了多久，花狗全无主意。虽以前自己当天赌得有咒，也仍然无主意。这家伙个子大，胆量小。个子大容易做错事，胆量小做了错事就想不出办法。

到后，萧萧捏着自己那条乌梢蛇似的大辫子，想起城里了，她说：“花狗大，我们到城里去自由，帮帮人过日子，不好么？”

“那怎么行？到城里去做什么？”

“我肚子大了。”

“我们找药去。场上有郎中卖药。”

“你赶快找药来，我想……”

“你想逃到城里去自由，不成的。人生面不熟，讨饭也有规矩，不能随便！”

“你这没有良心的，你害了我，我想死！”

“我赌咒不辜负你。”

“负不负我有什么用？帮我个忙，赶快拿去肚子里这块肉罢。我害怕！”

花狗不再做声，过了一会，便走开了。不久丈夫从他处回来，见萧萧一个人坐在草地上哭，眼睛红红的。丈夫心中纳罕，看了一会，问萧萧：“姐姐，为什么哭？”

“不为什么，灰尘落到眼睛里，痛。”

“我吹吹吧。”

“不要吹。”

“你瞧我，得这些这些。”

他把从溪中捡来的小蚌小石头陈列在萧萧面前，萧萧泪眼婆娑的看了一会，勉强笑着说：“弟弟，我们要好，我哭你莫告家中。告我可要生气。”到后这事情家中当真就无人知道。

过了半个月，花狗不辞而行，把自己所有的衣裤都拿去了。祖父问同住的哑巴知不知道他为什么走路，走哪儿去。哑巴只是摇头，说花狗还欠了他两百钱，临走时话都不留一句，为人少良心。哑巴说他自己的话，并没有把花狗走的理由说明。因此这一家希奇一整天，谈论一整天。不过这工人既不偷走物件，又不拐带别的，这事过后不久，自然也就把他忘掉了。

萧萧仍然是往日的萧萧。她能够忘记花狗就好了。但是肚子真有些不同了，肚中东西总在动，使她常常一个人干着急，尽做怪梦。

她脾气坏了一点，这坏处只有丈夫知道，因为她对丈夫似乎严厉苛刻了好些。

仍然每天同丈夫在一处，她的心，想到的事自己也不十分明白。她常想，我现在死了，什么都好了。可是为什么要死？她还很高兴活下去，愿意活下去。

家中人不拘谁在无意中提起关于丈夫弟弟的话，提起小孩子，提起花狗，都像使这话如拳头，在萧萧胸口上重重一击。

到八月，她担心人知道更多了，引丈夫庙里去玩，就私自许愿，吃了一大把香灰。吃香灰被她丈夫见到了，丈夫问这是做什么，萧萧就说肚子痛，应当吃这个。虽说求菩萨许愿，菩萨当然没有如她的希望，肚子中长大的东西仍在慢慢的长大。

她又常常往溪里去喝冷水，给丈夫见到了，丈夫问她她就说口渴。

一切她所想到的方法都没有能够使她与自己不欢喜的东西分开。大肚子只有丈夫一人知道，他却不敢告这件事给父母晓得。因为时间长久，年龄不同，丈夫有些时候对于萧萧的怕同爱，比对于父母还深切。

她还记得花狗赌咒那一天里的事情，如同记着其他事情一样。到秋天，屋前屋后毛毛虫都结茧，成了各种好看的蝶蛾，丈夫像故意折磨她一样，常常提起几个月前被毛毛虫所螫的旧话，使萧萧心里难过。她因此极恨毛毛虫，见了那小虫就想用脚去踹。

有一天，又听人说有好些女学生过路，听过这话的萧萧，睁了眼做过一阵梦，愣愣的对日头出处痴了半天。

萧萧步花狗后尘，也想逃走，收拾一点东西预备跟了女学生走的那条路上城。但没有动身，就被家里人发觉了。

家中追究这逃走的根源，才明白这个十年后预备给小丈夫生儿子继香火的萧萧肚子，已被别人抢先下了种。这真是了不得的一件大事。一家人的平静生活，为这一件事全弄乱了。生气的生气，流泪的流泪，骂人的骂人，各按本分乱下去。悬梁，投水，吃毒药，被禁困的萧萧，诸事漫无边际的全想到了，究竟年纪太小，舍不得死，却不曾做。于是祖父从现实出发，想出了个聪明主意，把萧萧关在房里，派人好好看守着，请萧萧本族的人来说话，看是"沉潭"还是"发卖"？萧萧家中人要面子，就沉潭淹死她，舍不得就发卖。萧萧只有一个伯父，在近处庄子里为人种田，去请他时先还以为是吃酒，到了才知道是这样丢脸事情，弄得这老实忠厚家长手足无措。

大肚子作证，什么也没有可说。伯父不忍把萧萧沉潭，萧萧当然应当嫁人作二路亲了。

这处罚好像也极其自然，照习惯受损失的是丈夫家里，然而却可以在改嫁上收回一笔钱，当作赔偿损失的数目。那伯父把这事告给了萧萧，就要走路。萧萧拉着伯父衣角不放，只是幽幽的哭。伯父摇了一会头，一句话不说，仍然走了。

一时没有相当的人家来要萧萧，因此暂时就仍然在丈夫家中住下。这件事情既经说明白，照乡下规矩倒又像不什么要紧，只等待处分，大家反而释然了。先是小丈夫不能再同萧萧在一处，到后又仍然如月前情形，姊弟一般有说有笑的过日子了。

丈夫知道了萧萧肚子中有儿子的事情，又知道因为这样萧萧才应当嫁到远处去。但是丈夫并不愿意萧萧去，萧萧自己也不愿意去，大家全莫名其妙，只是照规矩象逼到要这样做，不得不做。

在等候主顾来看人，等到十二月，还没有人来，萧萧只好在这人家过年。

萧萧次年二月间，十月满足坐草生了一个儿子，团头大眼，声响洪壮，大家把母子二人照料得好好的，照规矩吃蒸鸡同江米酒补血，烧纸谢神。一家人都欢喜那儿子。

生下的既是儿子，萧萧不嫁别处了。

到萧萧正式同丈夫拜堂圆房时，儿子已经年纪十岁，能看牛割草，成为家中生产者一员了。平时喊萧萧丈夫做大叔，大叔也答应，从不生气。

这儿子名叫牛儿。牛儿十二岁时也接了亲，媳妇年长六岁。媳妇年纪大，才能诸事作帮手，对家中有帮助。唢呐吹到门前时，新娘在轿中呜呜的哭着，忙坏了那个祖父曾祖父。

这一天，萧萧抱了自己新生的月毛毛，却在屋前榆蜡树篱笆看热闹，同十年前抱丈夫一个样子。

作于1929年冬

三　三

过桥，过竹林，过小小山坡，道旁露水还湿湿的，金铃子像敲钟一样，叮叮的从草里发出声音来，喜鹊喳喳的叫着从头上飞过去。母亲走在三三的后面，看到三三苗条如一根笋子，拿着棍儿一面走一面打道旁的草。

杨家碾坊在堡子外一里路的山嘴路旁。堡子位置在山弯里，溪水沿到山脚流过去，平平的流到山嘴折弯处忽然转急，因此很早就有人利用到它，在急流处筑了一座石头碾坊，这碾坊，不知从什么时候起，就叫杨家碾坊了。

从碾坊往上看，看到堡子里比屋连墙，嘉树成荫，正是十分兴旺的样子。往下看，夹溪有无数山田，如堆积蒸糕，因此种田人借用水力，用大竹扎了无数水车，用椿木做成横轴同撑柱，圆圆的如一面锣，大小不等竖立在水边。这一群水车，就同一群游手好闲的人一样，成日成夜不知疲倦的咿咿呀呀唱着意义含糊的歌。

一个堡子里只有这样一座碾坊，所以凡是堡子里碾米的事都归这碾坊包办，成天有人轮流挑了仓谷来，把谷子倒到石槽里去后，抽去水闸的板，枧槽里水冲动了下面的暗轮，石磨盘带着动情的声音，即刻就转动起来了。于是主人一面谈着一件事情，一面清理到簸箩筛子，到后头上包了一块白布，拿着个长把的扫帚，追逐着磨盘，跟着打圈儿，扫除溢出槽外的谷米，再到后，谷子便成白米了。

到米碾好了，筛好了，把米糠挑走以后，主人全身是灰，常常如同一个滚到豆粉里的汤圆。然而这生活，是明明白白比堡子里许多人生活还从容，而为一堡子中人所羡慕的。

凡是到杨家碾坊碾过谷子的，都知道杨家三三。妈妈十年前嫁给守碾坊的杨，三三五岁，爸爸就丢下碾坊同母女，什么话也不说死去了。爸爸死去后，母亲作了碾坊的主人，三三还是活在碾坊里，吃米饭同青菜小鱼鸡蛋过日子，生活毫无什么不同处。三三先是望到爸爸成天全身是糠灰，到后爸爸不见了，妈妈又成天全身是糠灰，……于是三三在哭里笑里慢慢的长大了。

妈妈随着碾槽转，提着小小油瓶，为碾盘的木轴铁心上油，或者很兴奋的坐在屋角拉动架上的筛子时，三三总很安静的自己坐在另一角玩。热天坐到有风凉处吹风，用包谷秆子作小笼，冬天则伴同猫儿蹲到火桶里，剥灰煨栗子吃。或者有时候从碾米人手上得到一个芦管作成的唢呐，就学着打大傩的法师神气，屋前屋后吹着，半天还玩不厌倦。

这磨坊外屋墙上爬满了青藤，绕屋全是葵花同枣树，疏疏的树林里，常常有三三葱绿衣裳的飘忽。因为一个人在屋里玩厌了，就出来坐在废石槽上洒米头子给鸡吃。在这时，什么鸡欺侮了另一只鸡，三三就得赶逐那横蛮无理的鸡，直等到妈妈在屋后听到鸡声代为讨情时才止。

这磨坊上游有一潭，四面有大树覆荫，六月里阳光照不到水面。碾坊主人在这潭中养得有几只白鸭子，水里的鱼也比上下溪里多。照一切习惯，凡靠自己屋前的水，也算是自己财产的一份。水坝既然全为了碾坊而筑成的，一乡公约不许毒鱼下网，所以这小溪里鱼极多。遇到有不甚面熟的人来钓鱼，看到潭边幽静，想蹲一会儿，三三见到了时，总向人说："不行，这鱼是我家潭里养的，你到下面去钓罢。"人若顽皮一点，听到这个话等于不听到，仍然拿着长长的竿子，搁到水面上去安闲的吸着烟管，望到这小姑娘发笑，使三三急了，三三便喊叫她的妈，高声的说："娘，娘，你瞧，有人不讲规矩，钓我们的鱼，你来折断他的竿子，你快来！"娘自然是不会来干涉别人钓鱼的。

母亲就从没有照到女儿意思折断过谁的竿子，照例将说："三三，鱼多咧，让别人钓吧。鱼是会走路的，上面总爷家塘里的鱼，因为欢喜我们这里的水，都跑来了。"三三照例应当还记得夜间做梦，梦到大鱼从水里跃起来吃鸭子，听到这个话，也就没有什么可说了，只静静的看着，看这不讲规矩的人，究竟钓了多少鱼去。她心里记着数目，回头好告给妈妈。

有时因为鱼太大了一点，上了钓，拉得不合式，撇断了钓竿，三三可乐极了，仿佛娘不同自己一伙，鱼反而同自己是一伙了的神气，那时就应当轮到三三向钓鱼人咧着嘴发笑了。但三三却常常急忙跑回去，把这事告给母亲，母女两人同笑。

有时钓鱼的人是熟人，人家来钓鱼时，见到了三三，知道她的脾气，就照例不忘记问："三三，许我钓鱼吧。"三三便说："鱼是各处走动的，又不是我们养的，怎么不能钓。"

钓鱼的是熟人时，三三常常搬了小小木凳子，坐到旁边看鱼上钩，且告给这人，另一时谁个把钓竿撇断的故事。到后这熟人回到磨坊时，把所得的大鱼分一些给三三家。三三看着母亲用刀剖鱼，掏出白色的鱼脬来，就放到地下用脚去踹，发声如放一枚小爆仗，听来十分快乐。鱼洗好了，揉了些盐，三三就忙取麻线来把鱼穿好，挂到太阳下去晒。到有客时，这些干鱼同辣子炒在一个碗里待客，母亲如想到折钓竿的话，将说："这是三三的鱼。"三三就笑，心想着："怎么不是三三的鱼？潭里的鱼若不是我照管，早被看牛小孩捉完了。"

三三如一般小孩，换几回新衣，过几回节，看几回狮子龙灯，就长大了。熟人都说看到三三是在糠灰里长大的。一个堡子里的人，都愿意得到这糠灰里长大的女孩子作媳妇，因为人人都知道这媳妇的妆奁是一座石头作成的碾坊。照规矩，十五岁的三三，要招郎上门也应当是时候了。但妈妈有了一点私心，记得一次签上的话语，不大相信媒人的话语，所以这磨坊还是只有母女二人，不曾有谁添人。

三三大了，还是同小孩子一样，一切得傍着妈妈。母女两人把饭吃过后，在流水里洗了脸，望到行将下沉的太阳，一个日子就打发走了。有时听到堡子里的锣鼓声音，或是什么人接亲，或是什么人做斋事，“娘，带我去看”，又像是命令又像是请求的说着，若无什么别的理由推辞时，娘总得答应同去。去一会儿，或停顿在什么人家喝一杯蜜茶，荷包里塞满了榛子胡桃，预备回家时，有月亮天什么也不用，就可以走回家。遇到夜色晦黑，燃了一把油柴！毕毕剥剥的响着爆着，什么也不必害怕。若到总爷家寨子里去玩时，总爷家还有长工打了灯笼送客，一直送到碾坊外边。只有这类事是顶有趣味的事。在雨里打灯笼走夜路，三三不能常常得到这机会，却常常梦到一人那么拿着小小红纸灯笼，在溪旁走着，好像只有鱼知道这会事。

当真说来，三三的事，鱼知道的比母亲应当还多一点，也是当然的。三三在母亲身旁，说的是母亲全听得懂的话，那些凡是母亲不明白的，差不多都在溪边说的。溪边除了鸭子就只有那些水里的鱼，鸭子成天自己哈哈哈的叫个不休，哪里还有耳朵听别人说话！

这个夏天，母女两人一吃了晚饭，不到黄昏，总常常过堡子里一个人家去，陪一个将远嫁的姑娘谈天，听一个从小寨来的人唱歌。有一天，照例又进堡子里去，却因为谈到绣花，使三三回碾坊来取样子，三三就一个人赶忙跑回碾坊来，快到屋边时，黄昏里望到溪边有两个人影子，有一个人到树下，拿着一枝竿子，好像要下钓的神气，三三心想这一定是来偷鱼的，照规矩喊着："不许钓鱼，这鱼是有主人的！"一面想走上前去看是什么人。

就听到一个人说："谁说溪里的鱼也有主人？难道溪里活水也可养鱼吗？"

另一人又说："这是碾坊里小姑娘说着玩的。"

那先一个人就笑了。

旋即又听到第二个人说："三三，三三，你来，你鱼都捉完了！"

三三听到人家取笑她，声音好像是熟人，心里十分不平！

就冲过去，预备看是谁在此撒野，以便回头告给母亲。走过去时，才知道那第二回说话的人是总爷家管事先生，另外同一个从没见过面的年青男人。那男人手里拿的原来只是一个拐杖，不是什么钓竿。那管事先生是一个堡子里知名人物，他认得三三，三三也认识他，所以当三三走近身时，就取笑说："三三，怎么鱼是你家养的？你家养了多少鱼呀！"

三三见是总爷家管事先生，什么话也不说了，只低下头笑。

头虽低低的，却望到那个好像从城里来的人白裤白鞋，且听到那个男子说：“女孩很聪明，很美，长得不坏。”管事的又说：“这是我堡里美人。”两人这样说着，那男子就笑了。

到这时，她猜到男子是对她望着发笑！三三心想：“你笑我干吗？”又想：“你城里人只怕狗，见了狗也害怕，还笑人，真亏你不羞。”她好像这句话已说出了口，为那人听到了，故打量跑去。管事先生知道她要害羞跑了，故说：“三三，你别走，我们是来看你碾坊的。你娘呢？”

“娘不在。”

“到堡子里听小寨人唱歌去了，是不是？”

“是的。”

“你怎么不欢喜听那个？”

“你怎么知道我不欢喜？”

管事先生笑着说：“因为看你一个人回来，还以为你是听厌了那歌，担心这潭里鱼被人偷尽，所以……”三三同管事先生说着，慢慢的把头抬起，望到那生人的脸目了，白白的脸好像在什么地方看到过，就估计莫非这人是唱戏的小生，忘了擦去脸上的粉，所以那么白……那男子见到三三不再怕人了，就问三三：“这是你的家里吗？”

三三说：“怎么不是我家里？”

因为这答话很有趣味，那男子就说：

“你住在这个山沟边，不怕大水把你冲去吗？”

“嗨，”三三抿着小小的美丽嘴唇，狠狠的望了这陌生男子一眼，心里想：“狗来了，狗来了，你这人吓倒落到水里，水就会冲去你。”想着当真冲去的情形，一定很是好笑，就不理会这两个人，笑着跑去了。

从碾坊取了花样子回向堡子走去的三三，在潭边再上游一点，望到那两个白色影子还在前面，不高兴又同这管事先生打麻烦，于是故意跟到这两个人身后，慢慢的走着。听到两个人说到城里什么人什么事情，听到说开河，又听到说学务局要总爷办学校，因为这两人全都不知道有人在后面，所以自己觉得很有趣味。到后又听到管事先生提起碾坊，提起妈妈怎么人好，更极高兴。再到后，就听到那城里男人说：“女孩子倒真俏皮，照你们乡下习惯，应当快放人了。”

那管事的先生笑着说：“少爷欢喜，要总爷做红叶，可以去说说。不过这磨坊是应当由姑爷管业的。”

三三轻轻的呸了一口，停顿了一下，把两个指头紧紧的塞了耳朵。但仍然听到那两人的笑声，想知道那个由城里来好像唱小生的人还说些什么，所以不久就仍然跟上前去。

那小生说些什么可听不明白，就只听那个管事先生一人说话，那管事先生说："少爷做了磨坊主人，别的不说，成天可有新鲜鸡蛋吃，也是很值得的！"话一说完，两人又笑了。

三三这次可再不能跟上去了，就坐在溪边的石头上，脸上发着烧，十分生气。心里想："你要我嫁你，我偏不嫁你！我家里的鸡纵成天下二十个蛋，我也不会给你一个蛋吃。"坐了一会，凉凉的风吹脸上，水声淙淙使她记忆起先一时估计中那男子为狗吓倒跌在溪里的情形，可又快乐了，就望到溪里水深处，一人自言自语说："你怎么这样不中用！管事的救你，你可以喊他救你！"

到宋家时，宋家婶子正说起一件已经说了一会儿的事情，只听宋家妇人说："……他们养病倒希奇，说是养病，日夜睡在廊下风里让风吹，……脸儿白得如闺女，见了人就笑，……谁说是总爷的亲戚，总爷见他那种恭敬样子，你还不见到。福音堂洋人还怕他，他要媳妇有多少！"

母亲就说："那么他养什么病？"

"谁知道是什么病？横顺成天吃那些甜甜的药，什么事情不做在床上躺着。在城里是享福，到乡里也是享福。老庚说，害第三期的病，又说是痨病，说也说不清楚。谁清楚城里人那些病名字。依我想，城里人欢喜害病，所以病的名字特别多；我们不能因害病耽搁事情，所以除打摆子就只发烧肚泻，别的名字的病，也就从不到乡下来了。"

另外一个妇人因为生过瘰疬，不大悦服宋家妇人武断的话，就说："我不是城里人，可是也害城里人的病。"

"你舅妈是城里人！"

"舅妈管我什么事？"

"你文雅得像城里人，所以才生疡子！"

这样说着，大家全笑了起来。

母女两人回去时，在路上三三问母亲："谁是白白脸庞的人？"母亲就照先前一时听人说过的话，告给三三，堡子里总爷家中，如何来了一位城里的病人，样子如何美，性情如何怪。一个乡下人，对于城中人隔膜的程度，在那些描写里是分明易见的，自然说得十分好笑。在平常时节，三三对于母亲在叙述中所加的批评与稍稍过分的形容，总觉得母亲说得极其俨然，十分有味，这时不知如何却不大相信这话了。

走了一会，三三忽问：

"娘，娘，你见到那个城里白脸人没有呢？"

妈妈说："我怎么见到他？我这几天又不到总爷家里去。"

三三心想："你不见到怎么说了那么半天。"

三三知道妈妈不见到的，自己倒早见到了，便把这件事保守着秘密，却十分高兴，以为只有自己明白这件事情，此外凡是说到城里人的都不甚可靠。

两人到潭边，三三又问：

“娘，你见到总爷家管事先生没有？”

若是娘说没有见过，反问她一句，那么，三三就预备把先前遇到总爷家那两个人的一切，都说给妈妈听了。但母亲这时正想起别一个问题，完全不关心三三的话，所以三三把方才的事瞒着母亲，一个字不提。

第二天三三的母亲到堡子里去，在总爷家门前，碰到那个从城里来的白脸客人，同总爷的管事先生。那管事先生告她，说他们昨天曾到碾坊前散步，见到三三，又告给三三母亲说，这客人是从城里来养病的客人。到后就又告给那客人，说这个人就是碾坊的主人杨伯妈。那人说，真很同三小姐相像。那人又说三三长得很好，很聪敏，做母亲的真福气。说了一阵话，把这老妇人说快乐了，在心中展开了一个幻景，想起自己觉得有些近于糊涂的事情，忙匆匆的回到碾坊去，望到三三痴笑。

三三不知母亲为什么今天特别乐，就问母亲到了什么地方，遇到了谁。

母亲想，应当怎么说才好，想了许久才说：“三三，昨天你见到谁？”

三三说：“我见到谁？没有。”

娘就笑了：“三三你记记，晚上天黑时，你不看见两个人吗？”

三三以为是娘知道一切了，就忙说：“人是有两个的，一个是总爷家管事的先生，一个是生人……怎么？”

“不怎么。我告你，那个生人就是城里来的先生，今天我见到他们，他们说已经同你认识了，我们说了许多话。那少爷像个姑娘样子。”母亲说到这里时，想起一件事好笑。

三三以为妈妈是在笑她，偏过头去看土地上灶马，不理母亲。

母亲说：“他们问我要鸡蛋，你下半天送二十个去，好不好？”

三三听到说鸡蛋，打量昨天两个男人说的笑话都为母亲知道了，心里很不高兴，说道：“谁去送他们鸡蛋，娘，娘，我说……他们是坏人！”

母亲奇怪极了，问：“怎么是坏人？什么地方坏？”

三三红了脸不愿答应，母亲说：“三三，你说什么事？”

迟了许久，三三才说：“他们背地里要找总爷做媒，把我嫁给那个白脸人。”

母亲听到这天真话什么也不说，笑了好一阵。到后看到三三要跑了，才拉着三三说：“小报应，管事先生他们说笑话，这也生气吗？谁敢欺侮你？……”说到后来三三也被说笑了。

她到后来就告给娘城里人如何怕狗的话，母亲听到不作声，好久以后，才说：“三三，你真是还像小丫头，什么也不懂。”

第二天，妈妈要三三送鸡子到砦子里去，三三不说什么，只摇头。妈妈既然答应了人家，就只好亲自送去。母亲走后，三三一个人在碾坊里玩，玩厌了又到潭边去看白鸭，看了一会鸭子，等候母亲还不回来，心想莫非管事先生同妈妈吵了架，或者天热到路上发了痧？……心里老不自在，回到碾坊里去。

但是过了一会，母亲可仍然回来了。回到碾坊一脸的笑，跨着脚如一个男子神气，坐到小凳上，告给三三如何见到那先生，那先生如何要她坐到那个用粗布做成的软椅子上去，摇着荡着像一个摇篮。又说到城里人说的三三为何不念书，城里女人全念书。又说到……三三正因为等了母亲半天，十分不高兴，如今听到母亲说到的话，莫名其妙，不愿意再听，所以不让母亲说完就走了。走到外边站到溪岸旁，望着清清的溪水，记起从前有人告诉她的话，说这水流下去，一直从山里流一百里，就流到城里了。她这时忖想……什么时候我一定也不让谁知道，就要流到城里去，一到城里就不回来了。但若果当真要流去时，她愿意那碾坊，那些鱼，那些鸭子，以及那一匹花猫，同她在一处流去。同时还有，她很想母亲永远和她在一处，她才能够安安静静的睡觉。

母亲看不见到三三，站在碾坊门前喊着："三三，三三，天气热，你脸上晒出油了，不要远走，快回来！"

三三一面走回来，一面就自己轻轻的说："三三不回来了！"

下午天气较热，倦人极了，躺到屋角竹凉床上的三三，耳中听着远处水车陆续的懒懒的声音，眯着眼睛望到母亲头上的髻子，仿佛一个瘦人的脸，越看越活，蒙蒙眬眬便睡着了。

她还似乎看到母亲包了白帕子，拿着扫帚追赶碾盘，绕屋打着圈儿，就听到有人在外面说话，提到她的名字。

只听到说："三三到什么地方去了，怎么不出来？"

她奇怪这声音很熟，又想不起是谁的声音，赶忙走出去，站在门边打望，才望到原来又是那个白脸的人，规规矩矩坐在那儿钓鱼。过细看了一下，却看到那个钓竿，是总爷家管事先生的烟杆，一头还冒烟。

拿一根烟杆钓鱼，倒是极新鲜的事情，但身旁似乎又已经得到了许多鱼，所以三三非常奇怪。正想去告母亲，忽然管事先生也从那边来了。

好像又是那一天的那种情景，天上全是红霞，妈妈不在家，自己回来原是忘了把鸡关到笼子里，因此赶忙跑回来捉鸡的。如今碰到这两个人，管事先生同那白脸城里人，都站在那石墩子上，轻轻的在商量一件事情。这两人声音很轻，三三却听得出，是一件关于不利于己的行为。因为听到说这些话，又不能嗾人走开，又不能自己走开，三三就非常着急，觉得自己的脸上也像天上的霞一样。

那个管事先生装作正经人样子说："我们是来买鸡蛋的，要多少钱把多少钱。"

那个城里人，也像唱戏小生那么把手一扬，就说："你说错了，要多少金子把多少金子。"

三三因为人家用金子恐吓她，所以说："可是我不卖给你，不想你的钱，你搬你家大块金子来，到场上去买老鸦蛋吧。"

管事先生于是又说："你不卖行吗，你舍不得鸡蛋为我做人情，你想想，妈妈以后写庚帖，还少得了管事先生吗？"

那城里人于是又说："向小气的人要什么鸡蛋，不如算了吧。"

三三生气似的大声说："就算我小气也行。我把鸡蛋喂虾米，也不卖给人！我们不羡慕别人的金子宝贝。你同别人去说金子，恐吓别人吧。"

可是两个人还不走，三三心里就有点着急，很愿意来一只狗向两个人扑去。正那么打量着，忽然从家里就扑出来一条大狗，全身是白色，大声汪汪的吠着，从自己身边冲过去，即刻这两个恶人就落到水里去了。

于是溪里的水起了许多水花，起了许多大泡，管事先生露出一个光光的头在水面，那城里人则长长的头发，缠在贴近水面的柳树根上，情景十分有趣。

可是一会儿水面什么也没有了，原来那两个人在水里摸了许多鱼，全拿走了。

三三想去告给妈妈，一滑就跌下了。

刚才的事原来是做一个梦。母亲似乎是在灶房煮午饭，因为听到三三梦里说话，才赶出来的。见三三醒了，摇着她问：“三三，三三，你同谁吵闹。”

三三定了一会儿神，望妈妈笑着，什么也不说。

妈妈说：“起来看看，我今天为你焖芋头吃。你去照照镜子，脸睡得一片红！”虽然照到母亲说的，去照了镜子，还是一句话不说。人虽早清醒，还记得梦里一切的情景，到后来又想起母亲说的同谁吵闹的话，才反去问母亲，究竟听到吵闹些什么话。妈妈自然是不注意这些的，所以说听不分明，三三也就不再问什么了。

直到吃饭时，妈妈还说到脸上睡得发红，所以三三就告给老人家先前做了些什么梦，母亲听来笑了半天。

第二次送鸡蛋去时，三三也去了。那时是下午。吃过饭后，两人进了总爷家的大院子。在东边偏院里，看到城里来的那个客，正躺在廊下藤椅上，望到天上飞的鸽子。管事的不在家，三三认得那个男子，不大好意思上前去，就让母亲过去，自己站在月门边等候。母亲上前去时节，三三又为出主意，要妈妈站在门边大声说，“送鸡蛋来的了”，好让他知道。母亲自然什么都照到三三主意作去，三三听到母亲说这句话，说到第三次，才引起那个白白脸庞的城里人注意，自己就又急又笑。

三三这时是站在月门外边的。从门罅里向里面窥看，只见到那白脸人站起身来，又坐下去，正像梦里那种样子。同时就听到这个人同母亲说话，说到天气和别的事情，妈妈一面说话一面尽掉过头来，望到三三所在的一边。白脸人以为她就要走去了，便说：“老太太，你坐坐，我同你说话很好。”

妈妈于是坐下了，可是同时那白脸城里人也注意到那一面门边有一个人等候了，“谁在那里，是不是你的小姑娘？”

看到情形不好，三三就想跑。可是一回头，却望到管事先生站在身后，不知已站了多久。打量逃走自然是难办到的，到后就被管事先生拉着袖子，牵进小院子来了。

听到那个人请自己坐下，听到那个人同母亲说那天在溪边见到自己的情形，三三眼望到另一边，傍到母亲身旁，一句话不说，巴不得即刻离开，可是想不出怎样就可以离开。

坐了一会儿，出来了一个穿白袍戴白帽装扮古怪的女人。

三三先还以为是男子，不敢细细的望。到后听到这女人说话，且看她站到城里人身旁，用一根小小管子塞到那白脸男子口里去，又抓了男子的手捏着，捏了好一会，拿一支好像笔的东西，在一张纸上写了些什么记号。那先生问“多少豆”，就听到回答说：“同昨天一样。”且因为另外一句话听到这个人笑，才晓得那是一个女人。这时似乎妈妈那一方面，也刚刚才明白这是一个女人，且听到说“多少豆”，以为奇怪，所以两人望望，都抿着嘴笑了起来。

看到这母女生疏的情形，那白袍子女人也觉得好笑，就不即走开。

那白脸城里人说：“周小姐，你到这地方来一个朋友也没有，就同这个小姑娘做个朋友吧。她家有个好碾坊，在那边溪头，有一个动人的水车，前面一点还有一个好堰坝，你同她做朋友，就可到那儿去玩，还可以钓些鱼回来。你同她去那边林子里玩玩吧，要这小姑娘告你那些花名草名。”

这周小姐就笑着过来，拖了三三的手，想带她走去。三三想不走，望到母亲，母亲却做样子努嘴要她去，不能不走。

可是到了那一边，两人即刻就熟了。那看护把关于乡下的一切，这样那样问了她许多，她一面答着，一面想问那女人一些事情，却找不出一句可问的话，只很稀奇的望到那一顶白帽子发笑。觉得好奇怪，怎么顶在头上不怕掉下来。

过后听到母亲在那边喊自己的名字，三三也不知道还应当同看护告别，还应当说些什么话，只说妈妈喊我回去，我要走了，就一个人忙忙的跑回母亲身边，同母亲走了。

母女两人回到路上走过了一个竹林，竹林里正当到晚霞的返照，满竹林是金色的光。三三把一个空篮子戴在头上，扮作钓鱼翁的样子，同时想起总爷家养病服侍病人那个戴白帽子的女人，就和妈妈说："娘，你看那个女人好不好？"

母亲说："哪一个女人？"

三三好像以为这答复是母亲故意装作不明白的样子，因此稍稍有点不高兴，向前走去。

妈妈在后面说："三三，你说谁？"

三三就说："我说谁，我问你先前那个女子，你还问我！"

"我怎么知道你是说谁？你说那姑娘，脸庞红红白白的，是说她吗？"

三三才停着了脚，等着她的妈。且想起自己无道理处，悄悄的笑了。母亲赶上了三三，推着她的背，"三三，那姑娘长得好体面，你说是不是？"

三三本来就觉得这人长得体面，听到妈妈先说，所以就故意说："体面什么？人高得像一条菜瓜，也是体面！"

"人家是读过书来的，你不看她会写字吗？"

"娘，那你明天要她拜你做干娘吧。她读过书，娘近来只欢喜读书的。"

"嗨，你瞧你！我说读书好，你就生气。可是……你难道不欢喜读书的吗？”

“男人读书还好，女人读书讨厌咧。”

“你以为她讨厌，那我们以后讨厌她得了。”

“不，干吗说‘讨厌她得了？’你并不讨厌她！”

“那你一人讨厌她好了。”

“我也不讨厌她！”

“那是谁该讨厌她？三三，你说。”

“我说，谁也不该讨厌她。”

母亲想着这个话就笑，三三想着也笑了。

三三于是又匆匆的向前走去，因为黄昏太美，三三不久又停顿在前面枫树下了，还要母亲也陪她坐一会，送那片云过去再走。母亲自然不会不答应的。两人坐在那石条上了，三三把头上的篮儿取下后，用手整理头发。就又想起那个男人一样短短头发的女人。母亲说：“三三，你用围裙揩揩脸，脸上出汗了。”三三好像不听到妈妈的话，眺望到另一方，她心中出奇，为什么有许多人的脸，白得像茶花。她不知不觉又把这个话同母亲说到了，母亲就说，这就是他们称呼为城里人的理由，不必擦粉脸也总是很白的。

三三说：“那不好看。”母亲也说：“那自然不好看。”三三又说：“宋家的黑子姑娘才真不好看。”母亲因为到底不明白三三意思所在，拿不稳风向，所以再不敢搀言，就只貌作留神的听着，让三三自己去作结论。

三三的结论就只是故意不同母亲意见一致，可是母亲若不说话时，自己就不须结论，也闭了口，不再作声了。

是另外一天，有人从大寨里挑谷子来碾坊的，挑谷子的男人走后，留下一个女人在旁边照料到一切。这女人具一种欢喜说话的性格，且不久才从六十里外一个寨上吃喜酒回来，有一肚子的故事，许多乡村消息，得和一个人说说才舒服，所以就拿来与碾坊母女两人说。母亲因为自己有一个女儿，有些好奇的理由，专欢喜问人家到什么地方吃喜酒，看到些什么体面姑娘，看到些什么好嫁妆。她还明白，照例三三也愿意听这些故事，所以就向那个人，问了这样又问那样，要那人一五一十说出来。

三三却静静的坐在一旁，用耳朵听着，一句话不说。有时说的话那女人以为不是女孩子应当听的，声音较低时，三三就装作毫不注意的神气，用绳子结连环玩，实际上仍然听得清清楚楚。因为听到那些怪话，三三忍不住要笑了，却别过头去悄悄的笑，不让那个长舌妇人注意到。

到后那两个老太太，自然而然就说到总爷家中的来客，且说到那个白袍白帽的女人了。那妇人说：她听人说，这白帽白袍女人，是用钱雇来的，雇来照料那个先生，好几两银子一天。但她却又以为这话不十分可靠，她以为这人一定就是城里人的少奶奶，或者小姨太太。

三三的妈妈意见却同那人的恰恰相反，她以为那白袍女人，决不是少奶奶。

那妇人就说，“你怎么知道不是少奶奶？”

三三的妈说：“怎么会是少奶奶。”

那人说：“你告我些道理。”

三三的妈说：“自然有道理，可是我说不出。”

那人说：“你又不看见，你怎么会知道。”

三三的妈说：“我怎么不看见？……”

两人争着不能解决，又都不能把理由说得完全一点，尤其是三三的母亲，又忘记说是听到过那一位喊叫过周小姐的话，来用作证据。三三却记到许多话，只是不高兴同那个妇人去说，所以三三就用别种的方法打乱了两人不能说清楚的问题。三三说：“娘，莫争这些事情，帮我洗头吧，我去热水。”

到后那妇人把米碾完挑走了。把水热好了的三三，坐在小凳上一面解散头发，一面带着抱怨神气向她娘说：“娘，你真奇怪，欢喜同老婆子说空话。”

“我说了些什么空话？”

“人家媳妇不媳妇，管你什么事！”

…………

母亲想起什么事来了，抿着口痴了半天，轻轻的叹了一口气。

过几天，那个白帽白袍的女人，却同总爷家一个小女孩子到碾坊来玩了。玩了大半天，说了许多话。妈妈因为第一次有这么一个稀客，所以走出走进，只想杀一只肥母鸡留客吃饭，但又不敢开口，所以十分为难。

三三则把客人带到溪下游一点有水车的地方去，玩了好一阵，在水边摘了许多金针花，回来时又取了钓竿，搬了凳子，到溪边去陪白帽子女人钓鱼。

溪里的鱼好像也知道凑趣，那女人一根钓竿，一会儿就得了四条大鲫鱼，使她十分欢喜。到后应当回去了，女人不肯拿鱼回去，母亲可不答应，一定要她拿去。并且听白帽子女人说南瓜子好吃，就又为取了一口袋的生瓜子，要同来的那个小女孩代为拿着。

再过几天，那白脸人同总爷家管事先生，也来钓了一次鱼，又拿了许多礼物回去。

再过几天那病人却同女人在一块儿来了，来时送了一些用瓶子装的糖，还送了些别的东西，使主人不知如何措置手脚。因为不敢留这两个尊贵人吃饭，所以到两人临走时，三三母亲还捉了两只活鸡，一定要他们带回去。两人都说留到这里生蛋，用不着捉去，还不行，到后说等下一次来再杀鸡，那两只鸡才被开释放下了。

自从这两个客人到来后，碾坊里有点不同过去的样子，母女两人说话，提到“城里”的事情就渐渐多了。城里是什么样子，城里有些什么好处，两人本来全不知道。两人只从那个白脸男子、白袍女人的神气，以及平常从乡下人听来的种种，作为想象的根据，摹拟到城里的一切景况，都以为城里是那么一种样子：一座极大的用石头垒就的城，这城里就有许多好房子。每一栋好房子里面住了一个老爷同一群少爷；每一个人家都有许多成天穿了花绸衣服的女人，装扮得同新娘子一样，坐在家里，什么事也不必作。每一个人家，屋子里一定还有许多跟班同丫头，跟班的坐在大门前接客人的名片，丫头便为老爷剥莲心去燕窝毛。城里一定有很多条大街，街上全是车马。城里有洋人，脚干直直的，就在这类大街上走来走去。城里还有大衙门，许多官如包龙图一样，威风凛凛，一天审案到夜，夜了还得点了灯审案。城里还有好些铺子，卖的是各样稀奇古怪的东西。城里一定还有许多大庙小庙，庙里成天有人唱戏，成天也有人看戏。看戏的全是坐在一条板凳上，一面看戏一面剥黑瓜子。坏女人想勾引人就向人打瞟瞟眼。城门口有好些屠户，都长得胖敦敦的。城门口还有个王铁嘴，专门为人算命打卦。

这些情形自然都是实在的。这想象中的都市，像一个故事一样动人，保留在母女两人心上，却永远不使两人痛苦。她们在自己习惯生活中得到幸福，却又从幻想中得到快乐，所以若说过去的生活是很好的，那到后来可说是更好了。

但是，从另外一些记忆上，三三的妈妈却另外还想起了一些事情，因此有好几回同三三说话到城里时，却忽然又住了口不说下去。三三问到这是什么意思，母亲就笑着，仿佛意思就只是想笑一会儿，什么别的意思也没有。

三三可看得出母亲笑中有原因，但总没有方法知道这另外原因究竟是什么。或者是妈妈预备要搬到城里，或者是作梦到过城里，或者是因为三三长大了，背影子已像一个新娘子了，妈妈惊讶着，这些躲在老人家心上一角儿的事可多着呐。三三自己也常常发笑，且不让母亲知道那个理由。每次到溪边玩，听母亲喊“三三你回来吧”，三三一面走一面总轻轻的说：“三三不回来了，三三永不回来了。”为什么说不回来，不回来又到些什么地方来落脚，三三并不曾认真打量过。

有时候两人都说到前一晚上梦中到过的城里，看到大衙门大庙的情形，三三总以为母亲到的是一个城里，她自己所到又是一个城里。城里自然有许多，同寨子差不多一样，这个是三三早就想到了的。三三所到的城里，一定比母亲那个还远一点，因为母亲凡是梦到城里时，总以为同总爷家那堡子差不多，只不过大了一点，却并不很大。三三因为听到那白帽子女人说过，一个城里看护至少就有两百，所以她梦到的，就是两百个白帽子女人的城里！

妈妈每次进寨子送鸡蛋去，总说他们问三三，要三三去玩，三三却怪母亲不为她梳头。但有时头上辫子很好，却又说应当换干净衣服才去。一切都好了，三三却常常临时又忽然不愿意去了。母亲自然是不强着三三的。但有几次母亲有点不高兴了，三三先说不去，到后又去；去到那里，两人是都很快乐的。

人虽不去大寨，等待妈妈回来时，三三总很愿意听听说到那一面的事情。母亲一面说，一面望到三三的眼睛，这老人家懂得到三三心事。她自己以为十分懂得三三，所以有时话说得也稍多了一点，譬如关于白帽子的女人，如何照料白脸的男子那一类事，母亲说时总十分温柔，同时看三三的眼睛，也照样十分温柔，于是，这母亲，忽然又想到了远远的什么一件事，不再说下去；三三也想到了另外一件事，不必妈妈说话了，这母女就沉默了。

砦子里人有次又过碾坊来了，来时三三已出到外边往下溪水车边采金针花去了。三三回碾坊时，望到母亲同那个管事先生商量什么似的在那里谈话，管事一见到三三，就笑着什么也不说。三三望望母亲的脸，从母亲脸上颜色，她看出像有些什么事，很有点蹊跷。

那管事先生见到三三就说："三三，我问你，怎么不到堡子里去玩，有人等你！"

三三望到自己手上那一把黄花，头也不抬说："谁也不等我。"

管事先生说："你的朋友等你。"

"没有人是我的朋友。"

"一定有人！想想看，有一个人！"

"你说有就有吧。"

"你今年几岁，是不是属龙的？"

三三对这个谈话觉得有点古怪，就对妈妈看着，不即作答。

管事先生却说："你不说我也知道，你妈妈还刚刚告我，四月十七，你看对不对？"

三三心想，四月十七，五月十八你都管不着，我又不希罕你为我拜寿。但因为听说是妈妈告的，三三就奇怪，为什么母亲同别人谈这些话。她就对母亲把小小嘴唇扁了一下，怪着她不该同人说到这些，本来折的花应送给母亲，也不高兴了，就把花放在休息着的碾盘旁，跑出到溪边，拾石子打飘飘梭去了。

不到一会儿，听到母亲送那管事先生出来了，三三赶忙用背对到大路，装着望到溪对岸那一边牛打架的样子，好让管事先生走去。管事先生见三三在水边，却停顿到路上，喊三姑娘，喊了好几声，三三还故意不理会，又才听到那管事先生笑着走了。

管事先生走后，母亲说：“三三，进屋里来，我同你说话。”

三三还是装作不听到，并不回头，也不作答。因为她似乎听到那个管事先生，临走时还说，“三三你还得请我喝酒”，这喝酒意思，她是懂得到的，所以不知为什么，今天却十分不高兴这个人。同时因为这个人同母亲一定还说了许多话，所以这时对母亲也似乎不高兴了。

到了晚上，母亲因为见到三三不说话，与平时完全不同了，母亲说：“三三，怎么，是不是生谁的气？”

三三口上轻轻的说：“没有。”心里却想哭一会儿。

过两天，三三又似乎仍然同母亲讲和了，把一切事都忘掉了，可是再也不提到大寨里去玩，再也不提醒母亲送鸡蛋给人了。同时母亲那一面，似乎也因为了一件事情，不大同三三提到城里的什么，不说是应当送鸡蛋到大寨去了。

日子慢慢的过着，许多人家田堤的新稻，为了好的日头同恰当的雨水，长出的禾穗皆垂了头。有些人家的新谷已上了仓，有些人家摘着早熟的禾线，舂出新米各处送人尝新了。

因为寨子里那家嫁女的好日子快到了，搭了信来接母女两人过去陪新娘子。母亲正新为三三缝了一件葱绿布围裙要三三去住两天。三三没有什么理由可以说不去，所以母女二人就带了些礼物到寨子里来了。到了那个嫁女的家里，因为一乡的风气，在女人未出阁以前，有展览妆奁的习惯，一寨子的女人都可来看，就见到了那个白帽子的女人。她因为在乡下除了照料病人就无什么事情可作，所以一个月来在乡下就成天同乡下女人玩玩，如今随了别的女人来看嫁妆，所以就碰到了这母女两人。

一见面，这白帽子女人就用城里人的规矩，怪三三母亲，问为什么多久不到总爷家里来看他们；又问三三为什么忘了她。这母女两人自然什么也不好说，只按照到一个乡下人的方法，望到略显得黄瘦了的白帽子女人笑着。后来这白帽子的女人，就告给三三妈妈，说病人的病还不什么好，城里医生来了一次，以为秋天还要换换地方，预备八月里就回城去，再要到一个顶远的有海的地方养息。因为不久就要走了，所以她自己同病人，都很想母女两人，同那个小小碾坊。

这白帽子女人又说：曾托过人带信要她们来玩的，不知为什么她们不来。又说她很想再来碾坊那小潭边钓鱼，可是因为天气热了一点，不好出门。

这白帽子女人，望到三三的新围裙，裙上还扣了朵小花，式样秀美，就说："三三，你这个围腰真美，妈妈自己作的是不是？"

三三却因为这女人一个月以来脸晒红多了，就望到这个人的红脸好笑，笑中包含了一种纯朴的友谊。

母亲说："我们乡下人，要什么讲究东西，只要穿得上身就好了。”因为母亲的话不大实在，三三就轻轻的接下去说：“可是改了二次。”

那白帽子女人听到这个话，向母女笑着：“老太太你真有福气，做你女儿的也真有福气。”

“这算福气吗？我们乡下人哪里比得城里人好。”

因为有两个人正抬了一盒礼过去，三三追了过去想看看是什么时，白帽子女人望着三三的背影：“老太太，你三姑娘陪嫁的，一定比这家还多。”

母亲也望那一方说：“我们是穷人，姑娘嫁不出去的。”

这些话三三都听到，所以看完了那一抬礼，还不即过来。

说了一阵话，白帽子女人想邀母女两人进砦子里去看看病人，母亲看到三三有点不高兴，同时且想起是空手，乡下人照例又不好意思空手进人家大门，所以就答应过两天再去。

又过了几天，母女二人在碾坊，因为谈到新娘子敷水粉的事情，想到白帽子女人的脸，一到乡下后就晒红了许多的情形，且想起那天曾答应人家的话了，所以妈妈问三三，什么时候高兴去寨子里看“城里人”。三三先是说不高兴，到后又想了一下，去也不什么要紧，就答应母亲不拘哪一天去都行。既然不拘什么时候，那么，自然第二天就可以去了。

因为记起那白帽子女人说的话，很想来碾坊玩，故三三要母亲早上同去，好就便邀客来，到了晚上再由三三送客回去。母亲却因为想到前次送那两只鸡，客人答应了下次来吃，所以还预备早早的回来，好杀鸡款客。

一早上，母女两人就提了一篮鸡蛋，向大砦走去。过桥，过竹林，过小小山坡，道旁露水还湿湿的，金铃子像敲钟一样，叮叮的从草里发出声音来，喜鹊喳喳的叫着从头上飞过去。母亲走在三三的后面，看到三三苗条如一根笋子，拿着棍儿一面走一面打道旁的草，记起从前总爷家管事先生问过她的话，不知道究竟是些什么意思。又想到几天以前，白帽子女人说及的话，就觉得这些从三三日益长大快要发生的事，不知还有许多。

她零零碎碎就记起一些属于别人的印象来了……一顶凤冠，用珠子穿好的，搁到谁的头上？二十抬贺礼，金锁金鱼，这是谁？……床上撒满了花，同百果莲子枣子，这是谁？……那三三是不是城里人？……若不是滑了一下，向前一窜，这梦还不知如何放肆做下去。

因为听到妈妈口上连作呸呸，三三才回过头来：“娘，你怎么，想些什么，差点儿把鸡蛋篮子也摔了。你想些什么？”

“我想我老了，不能进城去看世界了。”

“你难道欢喜城里吗？”

“你将来一定是要到城里去的！”

“怎么一定？我偏不上城里去！”

“那自然好极了。”

两人又走着，三三忽然又说：“娘，娘，为什么你说我要到城里去？你怎么想起这件事？”

母亲忙分辩说：“你不去城里，我也不去城里。城里天生是为城里人预备的，我们有我们的碾坊，自然不会离开。”

不到一会儿，就望到大寨那门楼了，门前有许多大榆树和梧桐。两人进了寨门向南走，快要走到时，就望见榆树下面，有许多人站立，好像在看热闹，其中还有一些人，忙手忙脚的搬移一些东西，看情形好像是发生了什么事情，或者来了远客，或者还是别的原因。母女两人也不什么出奇，依然慢慢的走过去。三三一面走一面说：“莫非是衙门的委员来了，娘，我在这里等你，你先过去看看吧。”妈妈随随便便答应着，心里觉得有点蹊跷，就把篮子放下要三三等着，自己赶上前去了。

这时恰巧有个妇人抱了自己孩子向北走，预备回家去，看到三三了，就问：“三三，怎么你这样早，有些什么事？”但同时却看到了三三篮里的鸡蛋了，“三三，你送谁的礼呢？”

三三说：“随便带来的。”因为不想同这人说别的话，于是低下头去，用手盘弄那个盘云的绿围腰扣子。

那妇人又说：“你妈呢？”

三三还是低着头用手向南方指着："过那边去了。"

那女人说："那边死了人。"

"是谁死了？"

"就是上个月从城中搬来在总爷家养病的少爷，只说是病，前一些日子还常常出外面玩，谁知忽然就死了。"

三三听到这个，心里一跳，心想，难道是真话吗？

这时节，母亲从那边也知道消息了，匆匆忙忙的跑回来，心门冬冬跳着，脸儿白白的，到了三三跟前，什么话也不说，拉着三三就走，好像是告三三，又像是自言自语的说："就死了，就死了，真不像会死！"

但三三却立定了，问："娘，那白脸先生死了吗？"

"都说是死了的。"

"我们难道就回去吗？"

母亲想想，真的，难道就回去？

因此母女两人又商量了一下，还是到过去看看，好知道究竟是些什么原因。三三且想见见那白帽子女人，找到白帽子女人，一切就明白了。但一走进大门边，望见许多人站在那里，大门却敞敞的开着，两人又像怕人家知道她们是来送礼的，不敢进去。在那里就听到许多人说到这个白脸人的一切，说到那个白帽子女人，称呼她为病人的媳妇，又说到别的，都显然证明这些人并不和这两个城里人有什么熟识。

三三脸白白的拉着妈妈的衣角，低声的说：“娘，走。”两人就走了。

到了磨坊，因为有人挑了谷子来在等着碾米，母亲提着蛋篮子进去了，三三站立溪边，望到一泓碧流，心里好像掉了什么东西，极力去记忆这失去的东西的名称，却数不出。

母亲想起三三了，在里面喊着三三的名字，三三说：“娘，我在看虾米呢。”

“来把鸡蛋放到坛子里去，虾米在溪里可以成天看！”因为母亲那么说着，三三只好进去了。水闸门的闸板已提起，磨盘正开始在转动，母亲各处找寻油瓶，为碾盘轴木加油，三三知道那个油瓶挂在门背后，却不做声，尽母亲各处去找。三三望着那篮子，就蹲到地下去数着那篮里的鸡蛋，数了半天，到后碾米的人，问为什么那么早拿鸡蛋到别处去，送谁，三三好像不曾听到这个话，站起身来又跑出去了。

1931 年 8 月 5 日至 9 月 17 日作于青岛

贵生

他欢喜喝一杯酒，可不同人酗酒打架。他会下盘棋，可不像许多人那样变棋迷。间或也说句笑话，可从不口角伤人。为人稍微有点子憨劲，可不至于傻相。虽是个干穷人，可穷得极硬朗自重。

贵生在溪沟边磨他那把镰刀，锋口磨得亮堂堂的。手试一试刀锋后，又向水里随意砍了几下。秋天来溪水清个透亮，活活的流，许多小虾子脚攀着一根草，在水里游荡，有时又躬着个身子一弹，远远的弹去，好像很快乐。贵生看到这个也很快乐。天气极好，正是城市里风雅人所说“秋高气爽”的季节，贵生的镰刀如用得其法，就可以过一个有鱼有肉的好冬天。秋天来，遍山土坎上芭茅草开着白花，在微风里轻轻的摇，都仿佛向人招手似的说：“来，割我，乘天气好磨快了你的刀，快来割我，挑进城里去，捌百钱担，换半斤盐好，换一斤肉也好，随你的意！”贵生知道这些好处。并且知道五担草就能够换个猪头，揉四两盐腌起来，那对猪耳朵，也够下酒两三次！一个月前打谷子时，各家田里放水，人人用鸡笼在田里罩肥鲤鱼，贵生却磨快了他的镰刀，点上火把，半夜里一个人在溪沟里砍了十来条大鲤鱼，全用盐揉了，挂在灶头用柴烟熏得干干的。现在磨刀，就准备割草，挑上城去换年货。正像俗话说的：两手一肩，快乐神仙。村子里住的人，因几年来城里东西样样贵，生活已大不如从前，可是一个单身汉子，年富力强，遇事肯动手，又不胡来乱为，过日子总还容易。

贵生住的地方离大城廿里，离张五老爷围子两里。五老爷是当地财主，近边山坡田地大部分归五老爷管业，所以做田种地的人都与五老爷有点关系。五老爷要贵生做长工，贵生以为做长工不是住围子就得守山，行动受管束，大不愿意。

自己用镰刀砍竹子，剥树皮，搬石头，在一个小土坡下，去溪水不远处，借五老爷土地砌了一栋小房子，帮五老爷看守两个种桐子的山坡，作为借地住家的交换。住下来他砍柴割草为生。春秋二季农事当忙时，有人要短工帮忙，他邻近五里无处不去帮忙（食量抵两个人，气力也抵两个人）。逢年过节村子里头行人捐钱扎龙灯上城去比赛，他必在龙头前斗宝，把个红布绣球舞得一团火似的，受人喝彩。春秋二季答谢土地，村中人合伙唱戏，他扮王大娘补缸的补缸匠，卖柴扒的程咬金。他欢喜喝一杯酒，可不同人酗酒打架。他会下盘棋，可不像许多人那样变棋迷。间或也说句笑话，可从不口角伤人。为人稍微有点子憨劲，可不至于傻相。虽是个干穷人，可穷得极硬朗自重。有时到围子里去，五老爷送他一件衣服，一条裤子，或半斤盐，他心中不安，必在另外一时带点东西去补偿。他常常进城去卖柴卖草，就把钱换点应用东西。城里尚有个五十岁的老舅舅，给大户人家作厨子，不常往来，两人倒很要好。进城看望舅舅时，他照例带点礼物，不是一袋胡桃，一袋栗子，就是一只山上装套捕住的黄鼠狼，或是一只野鸡。到城里有时住在舅舅处，那舅舅晚上无事，必带他上河沿天后宫去看夜戏，消夜时还请他吃一碗牛肉面。

在乡下，远近几里村子上的人，都和他相熟，都欢喜他。

他却乐意到离住处不远桥头一个小生意人铺子里去。那开杂货铺的老板是沅水中游浦市人，本来飘乡作生意，每月一次，挑货物各个村子里去和乡下人讲买卖，吃的用的全卖。到后来看中了那个桥头，知道官路上往来人多，与其从城里打了货四乡跑，还不如在桥头安个家。一面作各乡生意，一面搭个亭子给过路人歇脚，就近作过路人买卖。因此就在桥头安了家。住处一定，把老婆和一个十三岁的小女孩也接来了。浦市人本来为人和气，加之几年来与附近各村子各大围子都有往来，如今来在桥头开铺子，生意发达是很自然的。那老婆照浦市人中年妇女打扮，头上长年裹一块长长的黑色绉绸首帕，把眉毛拔得细细的。一张口甜甜的，见男的必称大哥，女的称嫂子，待人特别殷勤。因此不到半年，桥头铺子不特成为乡下人买东西地方，并且也成为乡下人谈天歇息地方了。夏天桥头有三株大青树，特别凉爽。冬天铺子里土地上烧得是大树根和油枯饼，火光熊熊——真可谓无往不宜。

贵生和铺子里人大小都合得来，手脚又勤快，几年来，那杂货铺老板娘待他很好，他对那个女儿也很好。山上多的是野生瓜果，栗子榛子不出奇，三月里他给她摘大莓，六月里送她地枇杷，八九月里还有出名当地、样子像干海参、瓤白如玉如雪的八月瓜，尤其逗那女孩子欢喜。女孩子名叫金凤。

那老板娘一年前因为回浦市去吃喜酒，害蛇钻心病死掉了，杂货铺充补了个毛伙，全身无毛病，只因为性情活跳，取名叫做癞子。

贵生不知为什么总不大欢喜那癞子，两人谈话常常顶板，癞子却老是对他嘻嘻笑。贵生说：“癞子，你若在城里，你是流氓；你若在书上，你是奸臣。”癞子还对他笑。贵生不欢喜癞子，那原因谁也不明白，杂货铺老板倒知道，因为贵生怕癞子招郎上门，从帮手改成驸马。

贵生其时正在溪水边想癞子会不会作“卖油郎”，围子里有人搭口信来，说五爷下乡了，要贵生去看看南山桐子熟了没有。看过后去围子里回话。

贵生听了信，即刻去山上看桐子。

贵生上了山，山上泥土松松的，树根蓬草间，到处有秋虫鸣叫。一下脚，大而黑的油蛐蛐，小头尖尾的金铃子各处乱蹦。几个山头看了一下，只见每株树枝都被饱满坚实的桐木果压得弯弯的，好些已落了地，山脚草里到处都是。因为一个土塍上有一片长藤，上面结了许多颜色乌黑的东西，一群山喜鹊喳喳的叫着，知道八月瓜已成熟了，赶忙跑过去。山喜鹊见人来就飞散了。贵生把藤上八月瓜全摘下来，装了半斗笠，预备带回去给桥头金凤吃。

贵生看过桐子，回到家里，晚半天天还早，就往围子去禀告五爷。

到围子时，见院里搁了一顶轿子，几个脚夫正闭着眼蹲在石碌碡上吸旱烟管。贵生一看知道城里另外来了人，转身往仓房去找鸭毛伯伯。鸭毛伯伯是五老爷围子里老长工，每天坐在仓房边打草鞋。仓房不见人，又转往厨房去，才见着鸭毛伯伯正在小桌边同几个城里来的年青伙子坐席，用大提子从黑色瓮缸里舀取烧酒，煎千鱼下酒。见贵生来就邀他坐下，参加他们的吃喝。原来新到围子的是四爷，刚从河南任上回城，赶来看五爷，过几天又得往河南去。几个人正谈到五爷和四爷在任上的种种有趣故事。

一个从城里来的小秃头，老军务神气，一面笑一面说："人说我们四老爷实缺骑兵旅长是他自已玩掉的。一个人爱玩，衣禄上有一笔账目，不玩见阎王销不了账，死后来生还是玩。上年军队扎在汝南地方，一个月他玩了八个，把那地方尖子货全用过了，还说：'这是什么鬼地方，女人都是尿脬做成的，要不得。一身白得像灰面，松塌塌的，一点儿无意思，还装模作态，这样那样。'你猜猜花多少钱。四十块一夜，除王八外块不算数。你说，年青人出外胡闹不得，我问你，我们哥子们想胡闹，成不成？一个月七块六，火食三块三除外还剩多少？不剃头，不洗衣，留下钱来一年还不够玩一次，我的伯伯，你就让我胡闹我从哪里闹起！”

另一高个儿将爷说：

“五爷人倒好，这门路不像四爷乱花钱。玩也玩得有分寸，一百八十随手撒，总还定个数目。”

鸭毛伯伯说：

“牛肉炒韭菜，各人心里爱。我们五爷花姑娘弄不了他的钱，花骨头可迷住了他。往年同老太太在城里住，一夜输二万八，头家跟五爷上门来取话，老太太爱面子，怕五爷丢丑，以后见不得人，临时要我们从窖里挖银子，元宝一对一对刨出来，点数给头家。还清了债，笑着向五爷说，‘上当学乖，下不为例。’手气不好，莫下注给人当活元宝啃，说张家出报应！”

“别人说老太太是怄气死的。”

“可不是。花三万块钱挣了一个大面子，有涵养也不能不心疼！明明白白五爷上了人的当，哑子吃黄连，怎不生气？一包气闷在心中，病了四十天，完了，死了。”

“可是五爷为人有孝心，老太太死时，他办丧事做了七七四十九天道场，花了一万六千块钱，谁不知道这件事！都说老太太心好命好，活时享受不尽，死后还带了万千元宝锞子，四十个丫头老妈子照管箱笼，服侍她老人家一路往西天，热闹得比段老太太出丧还人多，执事挽联一里路长。有个孝子尽孝，死而无憾。”

鸭毛伯伯说：

“五爷怕人笑话，所以做面子给人看。因为老太太生前爱面子，五爷又是过房的，一过来就接收偌大一笔产业。老太太如今归天了，五爷花钱再多也应该。花了钱，不特老太太有面子，五爷也有面子。人都以为五爷傻，他才真不傻！若不是花骨头迷心，他有什么可愁的！”

“不多久在城里听说又输了五千。后来想冲一冲晦气，要在潇湘馆给那南花湘妃挂衣，六百块钱包办一切，还是四爷帮他同那老婊子说妥的。不知为什么，五爷自己临时又变卦，去美孚洋行打那三抬一的字牌，一夜又输八百。六百给那花王开苞他不干，倒花八百去熬一夜，坐一夜三顶拐轿子，完事时给人开玩笑说：谢谢五爷送礼。真气坏了四爷。”

“花脚狗不是白面猫，各有各的脾气。银子到手哗喇哗喇花，你说莫花，这哪成！这些人一事不作偏有钱，钱财像是命里带来的。命里注定它要来，门板挡不住；命里注定它要去，索子链子缚不祝王皮匠捡了锭银子，睡时搂到怀里睡，醒来银子变泥巴。你我是穷人，和黄花姑娘无缘，和银子无缘，就只和酒有点缘分。

我们喝完了这碗酒，再喝一碗罢。贵生，同我们喝一碗，都是哥子弟兄，不要拘拘泥泥。”

贵生不想喝酒，捧了一大包板栗子，到灶边去，把栗子放在热灰里煨栗子吃。且告给鸭毛伯伯，五爷要他上山看桐子，今年桐子特别好，过三天就是白露，要打桐子也是时候了。哪一天打，定下日子，他好去帮忙。看五爷还有不有话吩咐，无话吩咐，他回家了。

鸭毛伯伯去见五爷禀白：“溪口的贵生已经看过了桐子，山向阳，今年霜降又早，桐子全熟了，要捡桐子差不多了。贵生看五爷还有什么话告他。”

城里来的四爷正同五爷谈卜术相术，说到城里中街一个杨半痴，如何用哲学眼光推人流年吉凶和命根贵贱，把个五爷说的眉飞色舞。听说贵生来了，就要鸭毛叫贵生进来有话说。

贵生进院子里时，担心把五爷地板弄脏，赶忙脱了草鞋，赤着脚去见五爷。

五爷说：“贵生，你看过了我们南山桐子吗？今年桐子好的很，城里油行涨了价，挂牌二十二两三钱，上海汉口洋行都大进。报上说欧洲整顿海军，预备世界大战，买桐油漆大战舰，要的油多。洋毛子欢喜充面子，不管国家穷富，军备总不愿落人后。仗让他们打，我们中国可以大发洋财！”

贵生一点不懂五爷说话的用意，只是带着一点敬畏之忱站在堂屋角上。

鸭毛伯伯打圆儿说："五爷，我们什么时候打桐子？"

五爷笑着："要发洋财得赶快，外国人既等着我们中国桐油油船打仗，还不赶快一点？明天打后天都好。我要自己去看看，就便和四爷打两只小毛兔玩。贵生，今年南山兔子多不多。趁天气好，明天去罢。"

贵生说："五爷，您老说明天就明天，我家里烧了茶水，等四爷五爷累了歇个脚。没有事我就走了。"

五爷说："你回去罢。鸭毛，送他一斤盐两斤片糖，让他回家。"

贵生谢了谢五爷，正转身想走出去，四爷忽插口说："贵生，你成了亲没有？"一句话把贵生问得不知如何回答，望着这退职军官私欲过度的瘦脸，把头摇着，只是好笑，他想起几句流行的话语："婆娘婆娘，磨人大王，磨到三年，嘴尖毛长。"

鸭毛接口说："我们劝他看一门亲事，他怕被女人迷住了，不敢办这件事。"

四爷说："贵生，你怕什么？女人有什么可怕？你那样子也不是怕老婆的。我和你说，看中了什么人，尽管把她弄进屋里来。家里有个婆娘，对你有好处，你不明白？尽管试试看，不用怕！"

贵生记起刚才在厨房里几个人的谈话，所以轻轻的说：“一个人有一个人的命，勉强不来。”随即同鸭毛走了。

四爷向五爷笑着说：“五爷，贵生相貌不错，你说是不是。”

五爷说，“一个大憨子，讨老婆进屋，我恐怕他还不会和老婆做戏！”

贵生拿了糖和盐回家，绕了点路过桥头杂货铺去看看。到桥头才知道当家的已进城办货去了，只剩下金凤坐在酒坛边纳鞋底。见了贵生，很有情致的含着笑看了他一眼，表示欢迎。贵生有点不大自然，站在柜前摸出烟管打火吸烟，借此表示从容：“当家的快回来了？”

金凤说：“贵生，你也上城了吧，手里拿的是什么？”

“一斤盐，两斤糖，五老爷送我的。我到围子里去告他们打桐子。”

“你五老爷待人可好？”

“城里四老爷也来了，还说明天要来山上打兔子……”贵生想起四爷先前说的一番话，咕咕的笑将起来。

金凤不知什么好笑，问贵生：“四爷是个什么样人物。”

“一个大军官，听说做过军长、司令官，一生就是欢喜玩，把官也玩掉了。”

“有钱的总是这样过日子，做官的和开铺子的都一样。我们浦市源昌老板，十个大木簰从洪江放到桃源县，一个夜里这些木簰就完了。”

贵生知道这个故事，所以贵生说：“都是女人。”

金凤脸绯红，向贵生瞅着，表示抗议：“怎么，都是女人！你见过多少女人！女人也有好有坏，和你们男子一样，不可一概而论！”

“我不是说你！”

“你们男的才真坏，什么四老爷、五老爷，有钱就是大王，糟蹋人，不当数……”其时，正有三个过路人，过了桥头到铺子前草棚下，把担子从肩上卸下来，取火吸烟，看有什么东西可吃。买了一碗酒，三人共同用包谷花下酒。贵生预备把话和金凤接下去，不知如何说好。三个人不即走路，他就到桥下去洗手洗脚。过一阵走上来时，见三人正预备动身，其中一个顶年青的，打扮得像个玩家，很多情似的，向金凤瞟着个眼睛，只是笑。掏钱时故意露出扣花抱肚上那条大银链子，且自言自语说：“银子千千万，难买一颗心。易求无价宝，难得有情郎。”三人走后金凤低下头坐在酒坛上出神，一句话不说。贵生想把先前未完的话接续说下去，无从开口。

到后看天气很好，方说：“金凤，你要栗子，这几天山上油板栗全爆口了。我前天装了个套机，早上去看，一只松鼠正拱起个身子，在那木板上嚼栗子吃，见我来了不慌不忙的一溜跑去，好笑。你明天去捡栗子吧，地下多得是！”

金凤不答理他，依然为刚才过路客人几句轻薄话生气。贵生不大明白，于是又说：“你记不记得有一年在我砂地上偷栗子，不是跑得快，我会打断你的手！”

金凤说：“我记得，我不跑。我不怕你！”

贵生说：“你不怕我，我也不怕你！”

金凤笑着：“现在你怕我……”

贵生好像懂得金凤话中的意思，向金凤眯眯笑，心里回答说：“我一定不怕。”

毛伙割了一大担草回来了，一见贵生就叫唤：“贵生，你不说上山割草吗？”

贵生不理会，却告给金凤，在山上找得一大堆八月瓜，她想要，明天自己去拿，因为明天打桐子，他上山去帮忙，五爷四爷又说要来赶兔子，恐怕没空闲。

贵生走后毛伙说：“金凤，这憨子，人大空心。”金凤说：“莫乱说，他生气时会打扁你。”

毛伙说：“这种人不会生气。我不是锡酒壶，打不扁。”

第二天，天一亮，贵生带了他的镰刀上山去。山脚雾气平铺，犹如展开一片白毯子，越拉越宽，也越拉越薄。远远的看到张家大围子嘉树成荫，几株老白果树向空挺立，更显得围子里正是家道兴旺。一切都像浮在云雾上头，飘渺而不固定。他想围子里的五爷四爷，说不定还在睡觉做梦，梦里也是五魁八马，白板红中！

可是一会儿田塍上就有马项铃鎯啷鎯啷响，且闻人语嘈杂，原来五爷四爷居然赶早都来了。贵生慌忙跑下坡去牵马。

来的一共是十二个男女工，四个跟随，还有几个围子里捡荒的小孩子。大家一到地即刻就动起手来，从顶上打起，有的爬树，有的用竹竿巴巴的打，草里泥里到处滚着那种紫红果子。

四爷五爷看了一会儿，也各捞一根竹竿打了几下，一会儿就厌烦了，要贵生引他们到家里去。家里灶头锅里的水已沸腾，鸭毛给四爷五爷冲茶喝。四爷见屋角斗笠里那一堆八月瓜，拿起来只是笑。

“五爷，你瞧这像个什么东西？”

“四爷，你真是孤陋寡闻，八月瓜也不认识。”

“我怎么不认识？我说它简直像……”

贵生因为预备送八月瓜给金凤，耳听到四爷说了那么一句粗话，心里不自在，顺口说道：“四爷五爷欢喜，带回去吃罢。”

五爷取了一枚，放在热灰里煨了一会儿，捡出来剥去那层黑色硬壳，挖心吃了。四爷说那东西腻口甜不吃，却对于贵生家里一支钓鱼竿称赞不已。

四爷因此从钓鱼谈起，溪里，河里，江里，海里以及北方芦田里钓鱼的方法如何不同，无不谈到。忽然一个年轻女人在篱笆边叫唤贵生，声音又清又脆。贵生赶忙跑出去，一会儿又进来，抱了那堆八月瓜走了。

四爷眼睛尖，从门边一眼瞥见了那女的白首帕，大而乌光的发辫，问鸭毛“女人是谁”。鸭毛说：“是桥头上卖杂货浦市人的女儿。内老板去年热天回娘家吃喜酒，在席面上害蛇钻心病死掉了，就只剩下这个小毛头，今年满十六岁，名叫金凤。其实真名字倒应当是‘观音’！卖杂货的大约看中了贵生，又憨又强一个好帮手，将来会承继他的家业。贵生倒还拿不定主意，等风向转。真是白等。”

四爷说：“老五，你真是宣统皇帝，住在紫禁城傻吃傻喝，围子外什么都不知道。山清水秀的地方一定地贵人贤，为什么不……”鸭毛搭口说：“算命的说女人八字重，克父母，压丈夫，所以人都不敢动她。贵生一定也怕克……”正说到这里，贵生回来了，脸庞红红的，想说一句话可不知说什么好，只是搓手。

五爷说：“贵生，你怕什么？”

贵生先不明白这句话意思所指，茫然答应说：“我怕精怪。”

一句话引得大家笑将起来，贵生也笑了。

几人带了两只瘦黄狗，去荒山上赶兔子，半天毫无所得。

晌午时又回转贵生家过午。五爷问长工今年桐子收多少，知道比往年好，就告给鸭毛，分三担桐子给贵生酬劳，和四爷骑了马回围子去了。回去本不必从溪口过身，四爷却出主张，要五爷同他绕点路，到桥头去看看。在桥头杂货铺买了些吃食东西，和那生意人闲谈了好一阵，也好好的看了金凤几眼，才转回围子。

回到围子里四爷又嘲笑五爷，以为在围子里作皇帝，真正是不知民间疾苦。话有所指，五爷明白意思。

五爷说，“四爷你真是，说不得一个人还从狗嘴里抢肉吃。”

四爷在五爷肩头打了一掌说：“老五，别说了。我若是你，我就不像你，一块肥羊肉给狗吃。你不看见：眉毛长，眼睛光，一只画眉鸟，打雀儿！”

五爷只是笑，再不说话。一个人有一个人的分定，五爷欢喜玩牌，自己老以为输牌不输理，每次失败只是牌运差，并非功夫不高。五爷笑四爷见不得女人，城市里大鱼大肉吃厌了，注意野味。

这方面发生的事贵生自然全不知道。

贵生只知道今年多得了三担桐子，捡荒还可得两三担，家里有五六担桐子沤在床底下，一个冬天夜里够消磨了。

日月交替，屋前屋后狗尾巴草都白了头在风里遥。大路旁刺梨一球球黄得像金子，已退尽了涩味，由酸转甜。贵生上城卖了十多回草，且卖了几篮刺梨给官药铺，算算日子，已是小阳春的十月了。天气转暖了一点，溪边野桃树有开花的。

杂货铺一到晚上，毛伙就地烧一个树根，火光熊熊，用意象在向邻近住户招手，欢迎到桥头来，大家向火谈天。在这时节畜牲草料都上了垛，谷粮收了仓，红薯也落了窖，正好是大家休息休息的时候，所以日里晚上都有人在那里。晚上尤其热闹，因为间或还有告假回家的兵士和大兴场贩朱砂的客人到杂货铺来述说省里新闻，天上地下说来无不令众人神往意移。

贵生到那里，照例坐在火旁不大说话，一面听他们说话，一面间或瞟金凤一眼。眼光和金凤眼光相接时，血行就似乎快了许多。他也帮杜老板作点小事，也帮金凤作点小事。落了雨，铺子里他是唯一客人时，就默默的坐在火旁吸旱烟，听杜老板在美孚灯下打算盘滚账，点数余存的货物。贵生心中的算盘珠也扒来扒去，且数点自己的家私。他知道城里的油价好，二十五斤油可换六斤棉花两斤板盐。他今年有好几担桐子，真是一注小财富！年底鱼呀肉呀全有了，就只差个人。

有时候那老板把账结清了，无事可做，便从酒坛间找出一本红纸面的文明历书，来念那些附在历书下的“酬世大全”，“命相神数”。一排到金凤八字，必说金凤八字怪，斤两重，不是“夫人”就是“犯人”，克了娘不算过关，后来事情多。金凤听来只是抿着嘴笑。

或者正说起这类事，那杂货铺老板会突然发问："贵生，你想不想成家？你要讨老婆，我帮你忙。"

贵生瞅着面前向上的火焰说："老板，你说真话假话？谁肯嫁我！"

"你要就有人。"

"我不信。"

"谁相信天狗咬月亮？你尽管不信，到时天狗还是把月亮咬了，不由人不信。我和你说，山上竹雀要母雀，还自己唱歌去找。你得留点心，学'归归红，归归红'，'婆婆酒醉，婆婆酒醉归'！"[1]话把贵生引到路上来了，贵生心痒痒的，不知如何接口说下去，于是也学杜鹃叫了几声。

毛伙间或多插一句嘴，金凤必接口说："贵生，你莫听癞子的话，他乱说。他说会装套捉狸子，捉水獭，在屋后边装好套，反把我那只花猫捉住了。"金凤说的虽是毛伙，事实却在用毛伙的话，岔开那杜掌柜提出的问题。

半夜后，贵生晃着个火把走回家去，一面走一面想，卖杂货的也在那里装套，捉女婿，不由得不咕咕笑将起来。一个存心装套，一个甘心上套，事情看来也就简单。困难不在人事在人心。贵生

---

① 杜鹃和竹雀鸣叫声。

和一切乡下人差不多，心上也有那么一点儿迷信。女的脸儿红中带白，眉毛长，眼角向上飞，是个“克”相；不克别人得克自己，到十八岁才过关！因这点迷信他稍稍退后了一步，杂货商人装的套不灵，不成功了。可是一切风总不会老向南吹，终有个转向时。

一天落大雨，贵生留在家里搓了几条草绳子，扒开床下沤的桐子看看，色已变黑，就倒了半箩桐子剥，一面剥桐子一面却想他的心事。不知哪一阵风吹换了方向，他忽然想起事情有点儿险。金凤长大了，心窍子开了，毛伙随时都可以变成金凤的人。此外在官路上来往卖猪攀乡亲的浦市人，上贵州省贩运黄牛收水银的辰州客人，都能言会说，又舍得花钱，在桥头过身，有个见花不采？闪不知把女人拐走了，那才真是“莫奈何”！人总是人，要有个靠背，事情办好大的小的就都有了靠背了。他想的自然简单一点，粗俗一点，但结论却得到了，就是热米打粑粑，一切得趁早，再耽误不得。

他预备第二天上城去同那舅舅商量商量。

贵生进城去找他的舅舅。恰好那大户人家正办席面请客，另外请得有大厨子掌锅，舅舅当了二把手，在门板上切腰花。

他见舅舅事忙，就留在厨房帮同理葱剥毛豆。到了晚上，把席面撤下时，已经将近二更，吃了饭就睡了。第二天那家主人又要办什么婆婆粥，鱼呀肉呀煮了一锅，又忙了一整天，还是不便谈他的事情。第三天舅舅可累病了。贵生到测字摊去测字，为舅舅拈的是一个“爽”字，自己拈了一个“回”字。

测字的说：“人逢喜事精神爽，若问病，有喜事病就会好。”又说：“回字喜字一半，吉字一半，可是言字也是一半。”要办的事赶早办好，迟了恐不成。他觉得话有道理。

回到舅舅身边时，就说他想成亲了，溪口那个卖杂货的女儿身家正派，为人贤惠，可以做他的媳妇。她帮他喂猪割草好，他帮她推磨打豆腐也好。只要他开口，可拿定七八成。

掌柜的答应了，有一点钱就可以趁年底圆亲，多一个人吃饭，也多一个人补衣捏脚，有坏处，有好处，特来和舅舅商量商量。

那舅舅听说有这种好事，岂有不快乐道理。他连年积下了二十块钱，正拿不定主意，不知道把它预先买副棺木好，还是买几只小猪托人喂好。一听外甥有意接媳妇，且将和卖杂货的女儿成对，当然一下就决定了主意，把钱“投资”到这件事上来了。

“你接亲要钱用，我帮你一点钱。”厨子起身把存款全部从床脚下泥土里掏出来后，就放在贵生面前，“你要用，你拿去用。将来养了儿子，有一个算我的小孙子，逢年过节烧三百钱纸，就成了。”

贵生吃吃的说：“我不要那么些钱，开铺子的不会收我财礼的！”

“怎么不要？他不要你总得要。说不得一个穷光棍打虎吃风，没有吃时把裤带紧紧。你一个人草里泥里都过得去，两个人可不成！人都有个面子，讨老婆就得养老婆，养孩子，不能靠桥头杜老板，让人说你吃裙带饭。钱拿去用，舅舅的就是你的。”

两人商量好了，贵生上街去办货物。买了两丈官青布，两丈白布，三斤粉条，一个猪头，又买了些香烛纸张，一共花了将近五块钱。东西办好，贵生高高兴兴带了东西回溪口。

出城时碰到两个围子里的长工，挑了箩筐进城，贵生问他们赶忙进城有什么要紧事。

一个长工说：“五爷不知为什么心血来潮，派我们办货！好像接媳妇似的，开了好长一张单子，一来就是一大堆！”

贵生说：“五爷也真是五爷，人好手松，做什么事都不想想。”

“真是的，好些事都不想想就做。”

“做好事就升天成佛，做坏事可教别人遭殃。”

长工见贵生办货不少，带笑说：“贵生，你样子好像要还愿，莫非快要请我们吃喜酒了？”

另一个长工也说：“贵生，你一定到城里发了洋财，买那么大一个猪头，会有十二斤罢。”

贵生知道两人是打趣他，半认真半说笑的回答道：“不多不少，一个猪头三斤半，正预备焖好请哥们喝一杯！”

分手时一个长工又说："贵生，我看你脸上气色好，一定有喜事不说，瞒我们。"

几句话把贵生说的心里轻轻松松的。

贵生到晚上下了决心，去溪口桥头找杂货铺老板谈话。到那里才知道杜老板不在家，有事去了。问金凤父亲什么地方去了，什么时候回来，金凤却神气淡淡的说不知道。转问那毛伙，毛伙说老板到围子里去了，不知什么事。贵生觉得情形有点怪，还以为也许两父女吵了嘴，老的赌气走了，所以金凤不大高兴。他依然坐在那条矮凳上，用脚去拨那地炕的热灰，取旱烟管吸烟。

毛伙忍不住忽然失口说："贵生，金凤快要坐花轿了！"

贵生以为是提到他的事情，眼瞅着金凤说，"不是真事吧？"

金凤向毛伙盯了一眼，"癞子，你胡言乱说，我缝你的嘴！"

毛伙萎了下来，向贵生憨笑着："当真缝了我的嘴，过几天要人吹唢呐可没人。"

贵生还以为金凤怕难为情，把话岔开说："金凤，我进城了，在我舅舅那里住了三天。"

金凤低着个头，神气索漠的说："城里好玩！"

"我去城里有事情。我和舅舅打商量……"他不知怎么说下去好，于是转口向毛伙，"围子里五爷又办货要请客人。"

"不止请客……"

毛伙正想说下去，金凤却借故要毛伙去瞧瞧那鸭子栅门关好了没有。

坐下来总像是冰锅冷灶的。杜老板很久还不回来，金凤说话要理不理。贵生看风头不大对，话不接头。默默的吹了几筒烟，只好走了。

回到家里从屋后搬了一个树根，捞了一把草，堆地上烧起来，捡了半箩桐子，在火边用小刜刀剥桐子。剥到深夜，总好像有东西咬他的心，可说不清楚是什么。

第二天正想到桥头去找杂货商人谈话，一个从围子里来的人告他说，围子里有酒吃，五爷纳宠，是桥头浦市人的女儿。已看好了日子，今晚进门，要大家杀黑前去帮忙，抬轿子接人！听到这消息，贵生好像头上被一个人重重的打了一闷棍，呆了半天转不过气来。

那人走后，他还不大相信，一口气跑到桥头杂货铺去，只见杜老板正在柜台前低头用红纸封赏号。

那杂货铺商人一眼见是贵生，笑眯眯的说："贵生，你到什么地方去了？好几天不见你，我们还以为你做薛仁贵当兵去了。"

贵生心想，"我还要当土匪去！"

杂货铺商人又说："你进城好几天，看戏了罢。"

贵生站在外边大路上结结巴巴的说："大老板，大老板，听人说你家有喜事，是真的吧？”

杜老板举起那些小包封说：“你看这个。”一面只是笑，事情不言而喻。

贵生听桥下有人捶衣，知道金凤在桥下洗衣，就走近桥栏杆边去，看见金凤头上孝已撤除，一条乌光辫子上簪了一朵小小红花，正低头捶衣。贵生说：“金凤，你有大喜事，贺喜，贺喜！”金凤头也不抬，停了捶衣，不声不响。贵生从神情上知道一切都是真的，自己的事情已完全吹了，完了，一切都完了。再说不出话，对那老板狠狠看了一眼，拔脚走了。

晚半天，贵生依然到围子里去。

贵生到围子里时，见五老爷穿了件春绸薄棉袍子，外罩件蓝缎子夹马褂，正在院子里督促工人扎喜轿，神气异常高兴。五爷一见贵生就说：“贵生，你来了，很好。吃了没有？厨房里去喝酒罢。”又说：“你生庚属什么？属龙晚上帮我抬轿子，过溪口桥头上去接新人。属虎就不用去，到时避一避！”

贵生呆呆怯怯的说：“我属虎，八月十五寅时生，犯双虎。”

说后依然如平常无话可说时那么笑着，手脚无放处。看五爷分派人作事，扎轿杆的不当行，走过去帮了一手忙。到后五爷又问他喝了没有，他不作声。鸭毛伯伯换了一件新毛蓝布短衣，跑出来看轿子，见到贵生，就拉着他向厨房走。

厨房里有五六个长工坐在火旁矮板凳上喝酒，一面喝一面说笑。因为都是派定过溪口上接亲的人，其中有个吹唢呐的，脸喝得红都都的，说："杜老板平时为人慷慨大方，到那里时一定请我们吃城里带来的嘉湖细点，还有包封。"

另一个长工说："我还欠他二百钱，记在水牌上，真怕见他。"

鸭毛伯伯接口打趣他："欠的账那当然免了，你抬轿子小心点就成了。"

一个毛胡子长工说："你们抬轿子，看她哭多远，过了大青树还像猫儿那么哭，要她莫哭了，就和她说，大姐，你再哭，我就抬你回去！她一定不敢再哭。"

"她还是哭你怎么样？"

"我当真抬她回去。"

所有人都哄然大笑起来。

吹唢呐的会说笑话，随即说了一个新娘子三天回门的粗糙笑话，装成女子的声音向母亲诉苦："娘，娘，我以为嫁过去只是服侍公婆，承宗接祖，你哪想到小伙子人小心坏，夜里不许我撒尿！"大家更大笑不止。

贵生不作声，咬着下唇，把手指骨捏了又捏，看定那红脸长鼻子，心想打那家伙一拳。不过手伸出去时，却端起了土碗，嘟嘟喝了半碗烧酒。几个长工打赌，有的以为金凤今天不会哭，有的又说会哭，还说看那一双水汪汪的眼睛就是会哭的相。正乱着，院中另外那几个扎轿子的也来到厨房，人一多话更乱了。

贵生见人多话多，独自走到仓库边小屋子里去。见有只草鞋还未完工，就坐下来搓草编草鞋。心里实在有点儿乱，不知道怎么好。身边还有十六块钱，紧紧的压在腰板上。他无头无绪想起一些事情。三斤粉条，两丈官青布，一个猪头，有什么用？五斛桐子送到姚家油坊去打油，外国人大船大炮到海里打大仗，要的是桐油。卖纸客人做眉弄眼，“易求无价宝，难得有情郎”，有情郎就来了。四老爷一个月玩八个辫子货，还说妇人身上白得像灰面，无一点意思。你个做官的……

看看天已快夜了，院子里人声嘈杂，吹唢呐的大约已经喝个六分醉，把唢呐从厨房吹起，一直吹到外边大院子里去。且听人喊燃火把放炮动身。两面铜锣镗镗的响着，好像在说，我们走，我们走，我们快走！不一会儿，一队人马果然就出了围子向南走去了。去了许久还可听到接亲队伍傍着小山坡边走去时那一点唢呐呜咽声音。贵生过厨房去看看，只见几个女的正在预备汤果。鸭毛伯伯见贵生就说：“贵生，我还以为你也去了。帮我个忙挑几担水罢。等会儿还要水用。”

贵生担起水桶一声不响走出去。院子里烧了几堆油柴，正屋里还点了蜡烛，挂了块红。住在围子里的佃户人家妇女小孩都站在院子里，等新人来看热闹。贵生挑水走捷径必从大门出进，却宁愿绕路，从后门走。到井边挑了七担水，看看水平了缸，才歇手过灶边去烘草鞋。

阴阳生排八字女的属鼠，宜天断黑后进门，为免得与家中人不合，凡家中命分上属大猫小猫到轿子进门时都得躲开。

鸭毛伯伯本来应当去打发轿子接人的。既得回避，因此估计新人快要进围子时，就邀贵生往后面竹园子去看白菜萝卜，一面走一面谈话。

“贵生，一切真有个命定，勉强不来。看相的说邓通是饿死的相，皇帝不服气，送他一座铜山，让他自己造钱，到后还是饿死。城里王财主，原本挑担子卖饺饵营生，气运来了，住身在那个小庙里，墙倒坍了，两夫妇差点儿压死，待到两人从泥灰里爬出来一看，原来墙里有两坛银子，从此就起了家……不是命是什么！桥头上那杂货铺小丫头，谁料到会作我们围子里的人？五爷是读书人，懂科学，平时什么都不相信，除了洋鬼子看病，照什么‘挨挨试试”光，此外都不相信。上次进城一输又是两千，被四爷把心说活了。四爷说，五爷，你玩不得了，手气痞，再玩还是输。找个‘原汤货’来冲一冲运气看，保准好。城里那些毛母鸡，谁不知道用猪肠子灌鸡血，到时假充黄花女。乡下有的是人，你想想看。五爷认真了，凑巧就看上了那杂货铺女儿，一说就成，不是命是什么。”

贵生一脚踹到一个烂笋瓜上头，滑了一下，轻轻的骂自己：“鬼打岔，眼睛不认货！”

鸭毛伯伯以为话是骂杜老板女儿，就说，“这倒是认货不认人！”

鸭毛伯伯接着又说：“贵生，说真话，我看杂货铺杜老板和那丫头先前对你倒很有心，旁观者清，当局者迷，你还不明白。其实只要你好意思亲口提一声，天大的事定了。天上野鸭子各处飞，捞到手的就是菜，二十八宿闹昆阳，阵势排好了，先下手为强，后下手遭殃。你不先下手，怪不得人！”

贵生说：“鸭毛伯伯，你说的是笑话。”

鸭毛伯伯说：“不是笑话！一切是命，半点不由人。十天以前，我相信那小丫头还只打量你同她俩在桥头推磨打豆腐！”说的当真不是笑话，不过说到这里，为了人事无常，鸭毛伯伯却不由得不笑起来了。

两人正向竹园坎上走去，上了坎，远远已听到唢呐呜呜咽咽的声音，且听到炮竹声，就知道新人的轿子来了。围子里也骤然显得热闹起来。火炬都点燃了，人声杂遝。一些应当避开的长工，都说说笑笑跑到后面竹园来，有的还毛猴一样爬上大南竹去眺望，看人马进了围子没有。

唢呐越来越近，院子里人声杂乱起来了，大家知道花轿已进营盘大门，一些人先虽怕冲犯，这时也顾不得了，都赶过去看热闹。

三声大炮放过后，唢呐吹“天地交泰”，拜天地祖宗，行见面礼，一会儿唢呐吹完了，火把陆续熄了，鸭毛伯伯知道人已进门，事已完毕，拉了贵生回厨房去，一面告那些拿火把的人小心火烛。厨房里许多人都在解包封，数红纸包封里的赏钱，争着倒热水到木盆里洗脚，一面说起先前一时过溪口接人，杜老板发亲时如何慌张的笑话。且说杜老板和鸭毛一定都醉倒了，免得想起女儿今晚上事情难受。鸭毛伯伯重新给年青人倒酒，把桌面摆好，十几个年青长工坐定时，才发现贵生已溜了。

半夜里，五爷正在雕花板床上细麻布帐子里拥了新人做梦，忽然围子里所有的狗都狂叫起来。鸭毛伯伯起身一看，天角一片红，远处起了火。估计方向远近，当在溪口边上。一会儿有人急忙跑到围子里来报信，才知道桥头杂货铺烧了，同时贵生房子也走了水。一把火两处烧，十分蹊跷，详细情形一点不明白。

鸭毛伯伯匆匆忙忙跑去看火，先到桥头，火正壮旺，桥边大青树也着了火，人只能站在远处看。杜老板和癞子是在火里还是走开了，一时不能明白。于是又赶过贵生处去，到火场近边时，见有好些人围着看火，谁也不见贵生，人是烧死了还是走了，说不清楚。鸭毛用一根长竹子向火里捣了一阵，鼻子尽嗅着，人在火里不在火里，还是弄不出所以然。人老成精，他心中明白这件事，火是怎么起的，一定有个原因。

转围子时，半路上正碰着五爷和那新姨。五爷说："人烧坏了吗？"

鸭毛伯伯结结巴巴的说："这是命，五爷，这是命。"回头见金凤正哭着，心中却说，"丫头，做小老婆不开心？回去一索子吊死了吧，哭什么？"

几人依然向起火处跑去。

1937年3月作，5月改作——北平

在私塾

春天爱逃学，一半是初初上学，心正野，不可驯；一半是因春天可以放风筝，又可大众同到山上去折花。论玩应当数夏天，因为在这季里可洗澡，可钓鱼，可看戏，可捉蛐蛐，可赶场，可到山上大树下或是庙门边去睡。

君，你能明白逃学是怎样一种趣味么？

说不能，那是你小时的学校办得太好了。但这也许是你不会玩。一个人不会玩他当然不必逃学。

我是在八岁上学以后，学会逃学起，一直到快从小学毕业，顶精于逃学，为那长辈所称为败家子的那种人，镇天到山上去玩的。

在新式的小学中，我们固然可以随便到操场去玩着各样我们高兴的游戏，但那铃，在监学手上，喊着闹着就比如监学自己大声喝吓，会扫我们玩耍的兴致。且一到讲堂，遇到不快意功课，那还要人受！听不快意的功课，坐到顶后排，或是近有柱子门枋边旁，不为老师目光所瞩的较幽僻地方，一面装做听讲，一面把书举起掩脸打着盹，把精神蓄养复元，回头到下课时好又去大闹，君，这是一个不算最坏的方法。照例学校有些课目应感谢那研究儿童教育的学者，编成的书又真能使我们很容易瞌睡，如像地理，历史，默经等。不过我们的教员，照例教这些功课的人，是把所有教音乐、图画的教员没有的严厉，占归为自己所有。又都像有天意这些人是选派下来继续旧日塾师的威风，特别凶。所有新定的处罚，也像特为这几门功课预备。不逃学，怎么办？在旧式塾中，逃学挨打，不逃也挨打。逃学必在发现以后才挨打，不逃学，则每天有一打以上机会使先生的戒尺敲到头上来。君，请你比较下，是逃好还是不逃好？并且学校以外有戏看，有澡洗，有鱼可以钓，有船可以划，若是不怕腿痛还可以到十里八里以外去赶场，有狗肉可以饱吃。君，你想想。在新式学校中，则逃学纵知道也不过记一次过，以一次空头的过，既可以免去上无聊功课的麻烦，又能得恣意娱乐的实惠，谁都高兴逃学！

到新的小学中去读书，拿来同在外游荡打比，倒还是逃学为合算点，说在私塾中能呆下去，真信不得！在私塾中这人不逃学，老实规矩的念书，日诵《幼学琼林》两页半，温习字课十六个生字，写影本两张，这人是有病，不能玩，才如此让先生折磨。若这人又并无病，那就是呆子。呆子固不必天生，父亲先生也可以用一些谎话，去注入到小孩脑中，使他在应当玩的年龄，便日思成圣成贤，这人虽身无疾病，全身的血却已中毒了。虽有坏的先生坏的父母因为想儿子成病态的社会上名人，不惜用威迫利诱治他的儿子，这儿子，还能心野不服管束，想方设法离开这势力，顾自走到外边去浪荡，这小孩的心，当是顶健全的心！一个十三岁以内的人，能到各处想方设法玩他所欢喜的玩，对于人生知识全不措意，只知发展自己的天真，对于一些无关实际大人生活事业上所谓建设、创造全不在乎，去认识他所引为大趣味的事业，这是正所以培养这小子！往常的人没有理解到这事，越见小孩心野越加严，学塾家庭越严则小孩越觉得要玩。一个好的孩子，说他全从严厉反面得的影响而有所造就，也未尝不可。

也不要人教，天然会，是我的逃学本能。单从我爱逃学上着想，我就觉得现行教育制度应当改革地方就很多了。为了逃学，我身上得到的殴挞，比其他处到我环境中的孩子会多四五倍，这证明我小时的心的浪荡不羁的程度，真比如今还要凶。虽挨打，虽不逃学即可以免去，我总认为玩上一天挨打一顿是值得的事。图侥幸的心也未尝不有，不必挨打而又可以玩，再不玩，我当然办不到！

你知道我是爱逃学的一人，就是了。我并且不要你同情似的说旧式私塾怎样怎样的不良。我倒并不曾感觉到这私塾不良待遇阻遏了我什么性灵的营养。

我可以告你是我怎样的读书，怎样的逃学，以及逃开塾中到街上或野外去时是怎样的玩，还看我回头转家时得到报酬又是些什么。

君，我把我能记得很清楚的一段学校生活原原本本说给你听吧。

先是我入过一个学馆，先生是女的，这并不算得入学，只是因为妈初得六弟，顺便要奶娘带我随同我的姐上学罢了。我每日被一些比我大七岁八岁的大姐的女同学，背着抱着从西门上学。有一次这些女人中，不知是谁个，因为爬西门坡的石级爬累，流着泪的情形，我依稀还记得外，其他茫然了。

我说我能记得的那个。

这先生，是我的一个姨爹。使你容易明白就是说：师母同我妈是两姊妹，先生女儿是我的表姐。大家全是熟人！是熟人，好容易管教，我便到这长辈家来磕头作揖称学生了。容易管教是真的。但先生管教时也容易喊师母师姐救驾，这可不是我爹想到的事了。

学馆是仓上，也就是先生的家。关于仓，在我们那地方有两个，全很大，又全在西门。这仓是常平仓还是标里的屯谷仓，我到如今还不明白。

不过如今试来想：若是常平仓，这应属县里，且应全是谷米不应空；属县里则管仓的人应当是戴黑帽像为县中太爷喝道的差人，不应是穿号褂的老将。所以说它是标里屯粮的屯仓，还相近。

仓一共两排，拖成两条线，中间留出一条大的石板路。仓一共有多少个，我记不清楚了。有些是贴有一个大“空”字，有些则上了锁，且有谷从旁边露出，这些还很分明。

我说学馆在仓上，不是的。仓仍然是仓，学馆则是管仓的衙门。不消说，衙门是在这两个仓的头上！到学馆应从这仓前过，仓延长有多长，这道也延长有多长。在学馆，背完书，经先生许可，出外面玩一会儿，也就是在这大石板上玩！

这长的路上，有些是把石头起去种有杨柳的，杨柳象摆对子的顶马，一排一排站在路两旁，都很大，算来当有五六十株。

这长院子中，到夏天还有胭脂花，指甲草，以及六月菊牵牛之类，这类花草大约全是师母要那守仓老兵栽种的，因为有人不知，冒冒失失去折六月菊喂蛐蛐，为老兵见到，就说师母知道会要骂人的。

到清明以后，杨柳树全绿，我们再不能于放晚学后到城上去放风筝，长院子中给杨柳荫得不见太阳，则仓的附近，便成了我们的运动场。仓底下是空的，有三尺左右高的木脚，下面极干爽，全是细沙，因此有时胆大一点的学生，还敢钻到仓底下去玩。先有一个人，到仓底去说是见有兔的巢穴在仓底大石础旁，又有小花兔，到仓底乱跑，因此进仓底下去看兔窟的就很多了。兔，这我们是也常常在外面见到的，有时这些兔还跑出来到院中杨柳根下玩，又到老兵栽的花草旁边吃青草，可是无从捉。仓的脚既那末高，下面又有这东西的家，纵不能到它家中去也可以看看它的大门。进仓去，我们只须腰躬着就成，我自然因了好奇也到仓底下玩过了！当到先生为人请去有事时，由我出名去请求四姨，让我们在先生回馆以前玩一阵。大家来到院中玩捉猫猫的游戏，仓底下成了顶好地方。从仓外面瞧里面，弄不清，里面瞧外又极分明。

遇到充猫儿的是胆小的人时，他不敢进去，则明知道你在那一个仓背后也奈何你不得。这下仓底下说来真可算租界！

怎么学馆又到这儿来？第一，这里清静；先生同时在衙门作了点事情，与仓上有关，就便又管仓，又为一事。

到仓上念书，一共是十七个人。我在十七个人中，人不算顶小，但是我胆子独大。胆子大，也并不是比别人更不怕鬼，是说最不惧先生。虽说照家中教训，师为尊，我不是不尊。若是在什么事上我有了冤枉，到四姨跟前一哭，回头就可以见到表姐请先生进去，谁能断定这不是进去挨四姨一个耳光呢？在白天，大家除了小便是不能轻易外出到院子中玩的。院中没有人，则兔子全大大方方来到院中石板路上蹓跶，还有些是引带三匹四匹小黑兔，就如我家奶娘引带我六弟八弟到道门口大坪里玩一个样。我们为了瞧看这兔子，或者吓唬这些小东西一次，每每借小便为名，好离开先生。我则故意常常这样办。先生似乎明知我不是解溲，也让我去。关于兔子我总不明白，我疑心这东西耳朵是同孙猴子的“顺风耳”一样：只要人一出房门，还不及开门，这些小东西就溜到自己家去，深怕别人就捉到它耳。我们又听到老兵说这兔见他同师母时并不躲，也不害怕，因为是人熟，只把我们同先生除外。这话初初我不信，到后问四姨，是真的。有些人就恨起这些兔子来了。见这人躲见那人又不，正像乡下女人一样的乖巧可恨。恨虽然是恨，但毕竟也并无那捉一匹来大家把它煮吃的心思，所以二三十匹兔子同我们十七个学生，就共同管领这条仓前的长路。我们玩时它们藏在穴口边伸出头看我们的玩，到我们在念书时，它们又在外面恣肆跑跳了。

我们把这事也共同议论过：白天的情形，我们是同兔子打伙一块坪来玩，到夜，我们全都回了家，从不敢来这里玩，这一群兔子，是不是也怕什么，就是成群结队也不敢再出来看月亮？这就全不知道了。

仓上没有养过狗，外面狗也不让它进来，老兵说是免得吓坏了兔子。大约我们是不会为先生吓坏的，这为家中老人所深信不疑，不然我们要先生干吗？

我们读书的秩序，为明白起见，可以作个表。这表当如下：
早上——背温书，写字，读生书，背生书，点生书——散学吃早饭后——写大小字，读书，背全读过的温书，点生书——过午过午后——读生书，背生书，点生书，讲书，发字带认字——散学
这秩序，是我应当遵守的。过大过小的学生，则多因所读书不同，应当略为变更。但是还有一种为表以外应当遵守的，却是来时对

夫子牌位一揖，对先生一揖，去时又得照样办。回到家，则虽先生说应对爹妈一揖，但爹妈却免了。每日有讲书一课，本是为那些大学生预备的，我却因为在家得妈每夜讲书听，因此在馆也添上一门。功课似乎既比同我一样大小年龄的人为多，玩的心情又并不比别人少，这样一来可苦了我了！

在这仓上我照我列的表每日念书念过一年半，到十岁。

《幼学琼林》是已念完了，《孟子》念完了，《诗经》又念了三本。

但我上这两年学馆究竟懂了些什么？让姨爹以先生名义在爹面去极力夸奖，我真不愿做这神童事业！爹也似乎察觉了我这一面逃学一面为人誉为神童的苦楚，知道期我把书念好是无望，终究还须改一种职业，就抖气把我从学馆取回，不理了。爹不理我一面还是因为他出门，爹既出门让娘来管束我，我就到了新的县立第二小学了。

不逃学，也许我还能在那仓上玩两三年吧。天知道我若是再到那类塾中，我这时变到成个什么样的人！

神童有些地方倒真是神童，到这学塾来，并不必先生告我，却学会无数小痞子的事情了。泅水虽是在十二岁才学会，但在这塾中，我就学会怎样在洗了澡以后设法掩藏脚上水泡痕迹去欺骗家中，留到以后的采用。我学会爬树，我学会钓鱼……我学会逃学，来作这些有益于我身心给我有用的经验的娱乐，这不是先生所意料，却当真是私塾所能给我的学问！

我还懂得一种打老虎的毒药弩，这是那个同兔子无忤的老兵，告我有用知识的一种。只可惜是没有地方有一只虎让我去装弩射它的脚，不然我还可以在此事业上得到你们所想不到的光荣！

我逃学，是我从我姨爹读书半年左右才会的。因为见他处置自由到外面玩一天的人，是由逃学的人自己搬过所坐板凳来到孔夫子面前，擒着打二十板屁股，我以为这是合算的事，就决心照办的。在校场看了一天木傀儡社戏。按照通常放学的时间，我就跑回家中去，这时家中人刚要吃饭，显然回家略晚了，却红脸。

到吃饭时，一面想到日里的戏，一面想到明天到塾见了先生的措词，就不能不少吃一碗了。

“今天被罚了，我猜是！”姑妈自以为所猜一点不错，就又立时怜惜我似的，说是：“明天要到四姨处去告四姨，要姨爹对你松点。”

“我的天，我不好开口骂你！”我为她一句话，把良心引起，又恨这人对我的留意。我要谁为我向先生讨保？我不能说我不是为不当的罚所苦，即老早睡了。

第二天到学校，“船并没有翻”。问到怎么误了一天学，说是家里请了客。请客即放学，这成了例子，我第一次就采用这谎语挡先生。

归到自己位上去，很以为侥幸。就是在同学中谁也料不到我也逃一天学了。

当放早学时，同一个同街的名字叫作花灿的一起归家。这人比我大五岁，一肚子的鬼。他自己常说，若是他作了先生，戒尺会得每人为预备一把；但他又认为他自己还应预备两把！

别人抽屉里，经过一次搜索已不敢把墨水盒子里收容蛐蛐，他则至少有两匹蛐蛐是在装书竹篮里。我们放早学，时候多很早，规矩定下来是谁个早到谁就先背书，先回家，因此大家争到早来到学塾。早来到学塾，难道就是认真念书么？全不是这么回事。早早的赶到仓上，天还亮不久，从那一条仓的过道上走过，会为鬼打死！

出门以后仍然等候着，则不是先生所料到的事了。我们如今也就是这样。

“花灿，时候早，怎么玩？”

“看鸡打架去。”

我说“好吧”，于是我们就包绕月城，过西门坡。

散了学，还很早，不再玩一下，回到家去反而会为家中人疑心逃学，是这大的聪明花灿告我的。感谢他，其他事情为他指点我去作的还多呢。这个时候本还不是吃饭的时候，到家中，总不会比到街上自由，真不应就忙着回家。

这里我们就不必看鸡打架，也能各挟书篮到一种顶好玩有趣的地方去开心！在这个城里，一天顶热闹的时间有三次，吃早饭以前这次，则尤合我们的心。到城隍庙去看人斗鹌鹑，虽不能挤拢去看，但不拘谁人把打败仗的鸟放飞去时，瞧那鸟的飞，瞧那输了的人的脸嘴，便有趣！再不然，去到校场看人练藤牌，那用真刀真枪砍来打去的情形，比看戏就动人得多了。若不嫌路远，我们可包绕南门的边街，瞧那木匠铺新雕的菩萨上了金没有。走边街，还可以看泻铸犁头，用大的泥锅，把钢融成水，把这白色起花的钢水倒进用泥作成敷有黑烟子的模型后，呆会儿就成了一张犁。看打铁，打生铁的拿锤子的人，不拘十冬腊月全都是赤起个膊子，吃醉酒了似的舞动着那十多斤重的锤敲打那砧上的铁。那铁初从炉中取出时，不用锤敲打也唏唏的响，一挨锤，便就四散飞花，使人又怕又奇怪。君，这个不算数，还有咧。在这一个城圈子中我们可以留连的地方多着，若是我是一辈子小孩，则一辈子也不会对这些事物生厌倦！

你口馋，又有钱，在道门口那个地方就可以容你留一世。

橘子，花生，梨，柚，薯，这不算！烂贱碰香的炖牛肉不是顶好吃的一种东西？用这牛肉蘸盐水辣子，同米粉在一块吃，有名的牛肉张便在此。猪肠子灌上糯米饭，切成片，用油去煎去炸，回头可以使你连舌子也将咽下。杨怒三的猪血绞条，坐在东门的人还走到这儿来吃一碗，还不合胃口？卖牛肉巴子的摊子他并不向你兜揽生意，不过你若走过那摊子边请你顶好捂着鼻，不然你就为这香味诱惑了。在全城出卖的碗儿糕，它的大本营就在路西，它会用颜色引你口涎——反正说不尽的！我将来有机会，我再用五万字专来为我们那地方一个姓包的女人所售的腌莴苣风味，加一种简略介绍，把五万字来说那莴苣，你去问我们那里的人，真要算再简没有！

这里我且说是我们怎样走到我们所要到的斗鸡场上去。

没有到那里以前，我们先得过一个地方，是县太爷审案的衙门。衙门前面有站人的木笼，不足道。过了衙门是一个面馆。面馆这地方，我以为就比学塾妙多了！早上面馆多半是正在赶面，一个头包青帕满脸满身全是面粉的大师傅骑在一条大木杠上压碾着面皮，回头又用大的宽的刀子齐手风快的切剥，回头便成了我们过午的面条，怪！面馆过去是宝华银楼，遇到正在烧嵌时，铺台上，一盏用一百根灯草并着的灯顶有趣的很威风的燃着，同时还可以见到一个矮肥银匠，用一个小管子含在嘴上像吹哨那样，用气迫那火的焰，又总吹不熄，火的焰便转弯射在一块柴上，这是顶奇怪的融银子方法。还有刻字的，在木头上刻，刻反字全不要写，大手指上套了一个小皮圈子，就用那圈子按着刀背乱划。

谁明白他是从哪学来这怪玩艺儿呢。

到了斗鸡场后大家是正围着一个高约三尺的竹篾圈子，瞧着圈内鸡的拼命的。人密密满满的围上数重，人之间，没有罅，没有缝。连附近的石狮上头也全有人盘据了。显然是看不成了。但我们可以看别的逗笑的事情。我们从别人大声喊加注的价钱上面也就明白一切了。

在鸡场附近，陈列着竹子织就各式各样高矮的鸡笼，有些笼是用青布幕着，则可以断定这其中有那骠壮的战士。乘到别人来找对手作下一场比武时，我们就可瞧见这鸡身段颜色了。还有鸡，刚才败过仗来的，把一个为血所染的头垂着在发迷打盹。还有鸡，蓄了力，想打架。忍耐不住的，就拖长喉咙叫。

还有人既无力又不甘心的“牛”才更有意思，胁下夹着脏书包，或是提着破书篮，脸上不是有两撇墨就少不了黄鼻液痕迹。这些“牛”，太关心圈子里战争，三三两两绕着圈子打转，只想在一条大个儿身子的人胁下腿边挤进去。不成功，头上给人抓了一两把，又斜着眼向这抓他摸他的人作生气模样，复自慰的同他同伴说，去去去，我已看见了，这里的鸡全不会溜头，打死架，不如到那边去瞧破黄鳝有味！

我们就那样到破黄鳝的地方来了。

活的像蛇一样的黄鳝，满盆满桶的挤来挤去，围到这桶欣赏这小蛇的人，大小全都有。

破鳝鱼的人，身子矮，下脖全是络腮胡，曾帮我家作过事，叫岩保。

黄鳝这东西，虽不闻咬人，但全身滑腻腻的使人捉不到，算一种讨厌东西。岩保这人则只随手伸到盆里去，总能擒一条到手。看他卡着这黄鳝的不拘那一部分，用力在盆边一磕，黄鳝便规规矩矩在他手上不再挣了，岩保便在这东西头上嵌上一粒钉，把钉固到一块薄板上，这鳝卧在板上让他用刀划肚子，又让他剔骨，又让他切成一寸一段放到碗里去，也不喊，也不叫，连滑也不滑，因此不由人不佩服岩保这武艺！

“你瞧，你瞧，这东西还会动呢。”花灿每次发见的，总不外乎是这些事情。鳝的尾，鳝的背脊骨，的确在刮下来以后还能自由的屈曲。但老实说，我总以为这是很脏的，虽奇怪也不足道！

我说：“这有什么巧？”

“不巧么？瞧我。”他把手去拈起一根尾，就顺便去喂他身旁的另一个小孩。

“花灿你这样欺人是丑事！”我说，我又拖他，因为我认得这被弄的孩子。

他可不听我的话。小孩用手拒，手上便为鳝的血所污。小孩骂。

“骂？再骂就给吃一点血！”

“别人又并不惹你！”小孩是莫可奈何，屈于力量下面了。

花灿见已打了胜仗，就奏凯走去，我跟到。

“要他尝尝味道也骂人！我不因为他小我就是一个耳光。”

我说，将来会为人报仇。我心里从此厌花灿，瞧不起他了。

若有那种人，欲研究儿童逃学的状况，在何种时期又最爱逃学，我可以贡献他一点材料，为我个人以及我那地方的情形。

春夏秋冬，最易引起逃学欲望是春天。余则以时季秩序而递下，无错误。

春天爱逃学，一半是初初上学，心正野，不可驯；一半是因春天可以放风筝，又可大众同到山上去折花。论玩应当数夏天，因为在这季里可洗澡，可钓鱼，可看戏，可捉蛐蛐，可赶场，可到山上大树下或是庙门边去睡。但热，逃一天学容易犯，且因热，放学早，逃学是不必，所以反比春天可以少逃点学了。秋天则有半月或一月割稻假，不上学。到冬天，天既冷，外面也很少玩的事情，且快放年学，是以又比秋天自然而然少挨一点因逃学而得来的挞骂了。

我第一次逃学看戏是四月。第二次又是。第二次可不是看戏，却同到两人，走到十二里左右的长宁哨赶场。这次糟了。不过就因为露了马脚，在被两面处罚后，细细拿来同所有的一日乐趣比较，天平朝后面的一头坠，觉得逃学值得，索性逃学了。

去城十二里，或者说八里，一个逢一六两日聚集的乡场，算是附城第二热闹的乡场。出北门，沿河走，不过近城跳石则到走过五里名叫堤溪的地方，再过那堤溪跳石。过了跳石又得沿河走。走来走去终于就会走进一个小小石砦门，到那哨上了。赶场地方又在砦子上手，稍远点。

这里场，说不荆我可以借一篇短短文章来为那场上一切情形下一种注解，便是我在另一时节写成的那篇《市集》。

不过这不算描写实情。实在详细情形我们哪能说得尽？譬如虹，这东西，到每个人眼中都放一异彩，又温柔，又美丽，又近，又远；但一千诗人聚拢来写一世虹的诗，虹这东西还是比所有的诗所蕴蓄的一切还多！

单说那河岸边泊着的小船。船小像把刀，狭长卧在水面上，成一排，成一串，互相挤挨着，把头靠着岸，正像一队兵。君，这是一队虽然大小同样，可是年龄衣服枪械全不相同的杂色队伍！有些是灰色，有些是黄色，有些又白得如一根大葱。还有些把头截去，成方形，也大模大样不知羞耻的搀在中间。我们具了非凡兴趣去点数这些小船，数目结果总不同。分别城乡两地人，是在衣服上着手，看船也应用这个方法；不过所得的结论，请你把它反过来。“衣服穿得入时漂亮是住城的人。纵穿绸着缎，总不大脱俗，这是乡巴佬”，这很对。这里的船则那顶好看的是独为上河苗人所有。篙桨特别的精美，船身特别的雅致，全不是城里人所能及的事!

请你相信我，就到这些小船上，我便可以随便见到许多我们所引为奇谈的酋长同酋长女儿!

这里的场介于苗族的区域，这条河，上去便是中国最老民族托身的地方。再沿河上去，一到乌巢河，全是苗人了。苗人酋长首领同到我们地方人交易，这场便是一个顶适中地点。

他们同他女儿到这场上来卖牛羊和烟草，又换盐同冰糖回去。

百分人中少数是骑马，七十分走路。其余三十分左右则全靠坐那小船的来去。就是到如今，也总不会就变更多少。当我较大时，我就懂得要看苗官女儿长得好看的，除了这河码头上，再好没有地方了。

船之外，还有水面上漂的，是小小木筏。木筏同类又还有竹筏。筏比船，占面积较宽，载物似乎也多点。请你想，一个用山上长藤扎缚成就的浮在水面上走动的筏，上面坐的又全是一种苗人，这类人的女的头上帕子多比斗还大，戴三副有饭碗口大的耳环，穿的衣服是一种野蚕茧织成的峒锦，裙子上面多安钉银泡（如普通战士盔甲），大的脚，踢拖着花鞋，或竟穿用稻草制成的草履。男的苗兵苗勇用青色长竹撑动这筏时，这些公主郡主就锐声唱歌。君，这是一幅怎样动人的画啊！人的年龄不同观念亦随之而异，是的确，但这种又妩媚，又野蛮，别有风光的情形，我相信，直到我老了，遇着也能仍然具着童年的兴奋！望到这筏的走动，那简直是一种梦中的神迹！

我们还可以到那筏上去坐！一个苗酋长，对待少年体面一点的汉人，他有五十倍私塾先生和气。他的威风同他的尊严，不像一般人来用到小孩子头上。只要活泼点，他会请你用他的自用烟管（不消说我们却用不着这个），还请你吃他田地里公主自种的大生红薯，和甘蔗，和梨，完全把你当客一般看待，顺你心所欲！若有小酋长，就可以同到这小酋长认同年老庚。我疑心，必是所有教书先生的和气殷勤，全为这类人取去，所以塾中先生就如此特别可怕了。

从牲畜场上可以见到的小猪小牛小羊小狗，到此也全可以见到。别人是从这傍码头的船筏运来到岸上去卖，买的人多数又赖这样小船运回，各样好看的狗牛是全没有看厌时候！

且到牲畜场上，别人在买牛买羊，有戴大牛角眼镜的经纪在旁，你不买牛就不能够随意扳它的小角，更谈不到骑。当这小牛小羊已为一个小酋长买好，牵到河边时，你去同他办交涉，说是得试试这新买的牛的脾气，你摩它也成，你戏它也成。

还有你想不想过河到对面河岸庙里去玩？若是想，那就更要从这码头上搭船了。对河的庙有狗，可不去，到这边，也就全可以见到。在这岸边玩，可望到对河的水车，大的有十床晒谷簟大，小的也总有四床模样。这水车，走到他身边去时，你不留心就会给它洒得一身全是水！车为水激动，还会叫，用来引水上高坎灌田，这东西也不会看厌！

我们到这场上来，老实说，只呆在这儿，就可过一天。不过同伴是做烟草生意的吴三义铺子里的少老板，他怕到这儿太久，会碰到他铺子里收买烟草的先生，就走开这船舶了。

“去，吃狗肉去！”那一个比我太四岁的吴少义，这样说。

“成。”这里还有一个便是他的弟，吴肖义。

吃狗肉，我有什么不成？一个少老板，照例每日得来的点心钱就比我应得的多三倍以上，何况约定下来是赶场，这高明哥哥，还偷得有二十枚铜元呢。我们就到狗肉场去了。

在吃狗肉时，不喝酒并不算一件丑事。不过通常是这样：得一面用筷子夹切成小块的狗肉在盐水辣子里打滚，一面拿起土苗碗来抿着包谷烧，这一来当然算内行了一点。

大的少义知道这本经，就说至少各人应喝一两酒。承认了。承认了结果是脸红头昏。

到我约有十四岁，我在沅州东乡怀化地方当兵时，我明白吃狗肉喝酒的真味道，且同辈中就有人以樊哙自居了。君，你既不曾逃过学，当然不曾明白逃学到乡场上吃狗肉的风味！

只是一两酒，我就不能照料我自己。我这吃酒是算第一次。各人既全是有一点飘飘然样子，就又拖手到鸡场上去看鸡。三人在卖小鸡场上转来转去玩，蹲到这里看，那里看，都觉得很好。卖鸡的人也多半是小孩同妇女。光看又不买，就逗他们笑，说是来赶场看鸡，并非买。这种嘲笑在我们心中生了影响。

“可恶的东西，他以为我们买不起！”

那就非买不可了。

小的鸡，正像才出窠不久，如我们拳头大小全身的毛都像绒。颜色只黑黄两样，嘴巴也如此。公母还分不清楚。七只八只关在一个细篾圆笼子里啾啾的喊叫，大约是想它的娘！

这小东西若是能让人抱到它睡，就永远不放手也成！

十多年后一个生鸡子，卖到十个当十的铜元，真吓人。当那时，我们花十四个铜子，把一群刚满月的小鸡（有五只呀）连笼也买到手了。钱由吴家兄弟出，约同到家时，他兄弟各有两只，各一黑一黄，我则拿那一只大嘴巴黑的。

把鸡买得我们着忙到家捧鸡去同别人的小鸡比武，想到回家了。我们用一枝细柴，作为杠，穿过鸡笼顶上的藤圈，三人中选出两人来担扛这宝物，且轮流交换，那一个空手，那一个就在前开道。互相笑闹说是这便是唐三藏取经，在前开道的是猪八戒。我们过了黄风洞，过了流沙河，过了烂柿山，过了……终于走到大雷音。天色是不早不迟，正是散学的时间。到这城，孙猴子等应当分手了。

这一天学逃得多么有意思——且得有一只小鸡呢。是公鸡，则过一阵便可以捉到街上去同人的鸡打；是母鸡，则会为我生鸡蛋。在手上的鸡，因了孤零零失了伴，就更吱吱啾啾叫，我并不以为讨厌。正因为这样，到街上走着，为一般小孩注意，我心上就非常受用！

看时间不早，我走到一个我所熟的土地堂去，向那庙主取我存放的书篮。书篮中宽绰有余，便可以容鸡。但我不，我把它握在手上好让人见到！

将要到家我心可跳了。万一今天四姨就到我家玩，我将说些什么？万一大姐今天往仓上去找表姐，这案也就犯上了。

鸡还在手上，还在叫，先是对这鸡亲洽不过，这时又感到难于处置这小鸡了。把鸡丢了吧，当然办不到。拿鸡进门设若问到这鸡是从什么地方来，就说是吴家少老板相送的，但再盘问一句不会露出马脚么？我踌躇不知如何是好。一个八九岁的孩子作伪总不如十多岁人老练，且纵能日里掩过，梦中的呓语，也会一五一十数出这一日中的浪荡！

我在这时非常愿有一个熟人正去我家，我就同他一起回。

有一个熟人在一块时，家中为款待这熟人，把我自然而然就放过去了。但在我家附近徘徊多久却失望了。在街上呆着，设或遇到一个同学正放学从此处过，保不了到明天就去先生处张扬，更坏！

不回也不成。进了我家大门，我推开二门，先把小鸡从二门罅塞进去，探消息。这小鸡就放声大喊大叫跑向院中去。

这一来，不进门，这鸡就会为其他大一点的鸡欺侮不堪！

姐在房中听到院中有小鸡叫声，出外看，我正掷书篮到一旁来追小鸡。

“哪得来这只小鸡？”

“瞧，这是吴少老板送我的！”

“妙极了。瞧，想他的娘呢。”

“可不是，叫了半天了唉。”

我们一同蹲在院中石地上欣赏这鸡，第一关已过，只差见妈了。

见了妈也很平常，不如我所设想的注意我行动，我就全放心，以为这次又脱了。

到晚上，是睡的时候了，还舍不得把鸡放到姐为我特备的纸盒子里去。爹忽回了家。第一个是喊我过去，我一听到就明白事情有八分不妙。喊过去，当然就搭讪着走过我家南边院子去！

“跪倒！”走过去不敢看爹脸上的颜色，就跪倒。爹像说了这一声以后，又不记起还要说些什么了，顾自去抽水烟袋。

在往常，到爹这边书房来时节，爹在抽水烟就应当去吹煤子，以及帮他吹去那活动管子里的烟灰。如今变成阶下囚，不能说话了。

我能明白我自己的过错。我知道我父亲这时正在发我的气。我且揣测得出这时窗外站有两个姐同姑母奶娘等等在窗下悄听。父亲不做声，我却呜呜的哭了。

见我哭了一阵，父亲才笑笑的说：

“知道自己过错了么？”

“知道了。”

“那么小就学得逃学！逃学不碍事，你不愿念书，将来长大去当兵也成，但怎么就学得扯谎？”

父亲的声音，是在严肃中还和气到使我想抱到他摇，我想起我一肚子的巧辩却全无用处，又悔又恨我自己的行为，尤其是他说到逃学并不算要紧，只扯谎是大罪，我还有一肚子的谎不用！我更伤心了。

“不准哭了，明白自己不对就去睡！”

在此时，在窗外的人，才接声说为父亲磕头认错，出来吧。打我也许使我好受点。我若这一次挨一点打，从怕字上着想，或者就不会再有第二次这样情形了。虽说父亲不打不骂，这样一来，我慢慢想起在小小良心上更不安，但一个小孩子有悔过良心，同时也就有玩的良心；当想玩时则逃学，逃学玩够以后回家又再来悔过——从此起，我便用这方法度过我的学校生活了。

家中的关隘虽已过，还有学校方面在。我在临睡以前私下许了一个愿，若果这一次的逃学能不为先生知道，则今天得来这匹小鸡到长大时我就拿它来敬神。大约神嫌这鸡太小了长大也不是一时的事，第二天上学，是由奶娘伴送，到仓上见到先生以后，犹自喜全无破绽。呆一会，吴家两弟兄由其父亲送来，我晓得糟了。

我不敢去听吴老板同先生说得是什么话。到吴老板走去后，先生送客回来即把脸沉下，临时脸上变成打桐子的白露节天气。

“昨天哪几个逃学的都给我站到这一边来！”

先生说，照先生吩咐，吴家两兄弟就愁眉愁眼站过去，另外一个虽不同我们在一块也因逃学为家中送来的小孩也就站过去。

“还有呀！”他装作不单是喊我，我就顺便认为并不是唤我，仍不动声色。

“你们为我记记昨天还有谁不来？”这话则更毒。先生说了以后就有学生指我，我用眼睛去瞪他，他就羞羞怯怯作狡猾的笑。

“我家中有事。”口上虽是这样说，脸上则又为我说的话作一反证，我恨我这脸皮薄到这样不济事。但我又立时记起昨晚上父亲说得逃学罪名比扯谎为轻，就身不由己的走到吴肖义的下手站着了。

“你也有份吗？”姨爹还在故意恶作剧呀。

我大胆的期期艾艾说是正如先生所说的一样。先生笑说好爽快。

照规矩法办，到我头上我总有方法。我又在打主意了。

先命大吴自己搬板凳过来，向孔夫子磕头，认了错，爬到板凳上，打！大吴打时喊，哭，闹，打完以后又逞值价作苦笑。

先生把大吴打完以后，就遣归原座，又发放另一个人。小吴在第三，先生的板子，轻得多，小吴虽然也喊着，照例的喊，打十板，就算了。这样就轮到我的头上来了。板子刚上身，我就喊：“四姨呀！师母呀！打死人了！救！打死我了！”

救驾的原已在门背后，一跳就出来，板子为攫去。虽不打，我还是在喊。大家全笑了。先生本来没多气，这一来，倒真生气了。为四姨抢去的是一薄竹片子，先生乃把那梼木戒方捏着，扎实在我屁股上捶了十多下，使四姨要拦也拦不及。

我痛极，就杀猪样乱挣狂嗥。本来设的好主意，想免打，因此倒挨了比别人还凶的板子，不是我所料得到的事！

到后我从小吴处，知道这次逃学是在场上给一个城里千总带兵察场见我们正在狗肉摊子上喝酒，回城告给我们两人的父亲。我就发誓愿说，将来在我长成大人时，一定要约人把这千总打一顿出气。不消说这千总以后也没有为我们打过，城里千总就有五六个，连姓名我们还分不清楚，知道是谁呀？

每日那种读死书，我真不能发现一丝一厘是一个健全活泼孩子所需要的事。我要玩，却比吃饭睡觉似乎还重要。父亲虽说不读书并不要紧，比扯谎总罪小点，但是他并不是能让我读一天书玩耍一天的父亲！间十天八天，在头一天又把书读得很熟，因此邀二姐作保驾臣，到父亲处去，说，明天请爹让我玩一天吧，那成。君，间十天八天，我办得到吗？一个月中玩十五天读十五天书，我还以为不足。把一个月腾出三天来玩，那我只好闷死了。天气既渐热，枇杷已黄熟，山上且多莓，到南华山去又可以爬到树上去饱吃樱桃，为了这天然欲望驱使，纵到后来家中学堂两边都以罚跪为惩治，我还是逃学！

因为同吴家兄弟逃学，我便学会劈甘蔗，认鸡种好坏，滚钱。同一个在河边开水碾子房的小子逃学，我又学会了钓鱼。

同一个做小生意的大儿子逃学，我就把掷骰子呼幺喝六学会了。

这不算是学问么，君？这些知识直到如今我并不忘记，比《孟子·离娄》用处怎样？我读一年书，还当不到我那次逃学到赶场，饱看河边苗人坐的小船以及一些竹木筏子印象深。并且你哪里能想到狗肉的味道？

也正因逃学不愿读书，我就真如父亲在发现我第一次逃学时所说的话，到五年后真当兵了。当兵对于我这性情并不坏。当了兵，我便得放纵的玩了。不过到如今，我是无学问的人，不拘到什么研究学术的机关去想念一点书，别人全不要。说是我没有资格，中学不毕业，无常识，无根柢。这就是我在应当读书时节没有机会受教育所吃的亏。为这事我也非常痛心，又无法说我这时是应当读书且想读书的一人，因为现在教育制度不是使想读书的人随便可读书，所以高深的学问就只好和我绝缘，这就是我玩的坏的结果了。不懂得应当读书时旧的制度强迫我读书；到自己觉悟要读书时，新的制度又限制我把我除外；（以前不怕挝，可逃学，这时有些学问，你纵有自学勇气，也不能在学校以外全懂）我总好像同一切成规天然相反，我真为我命运莫名其妙了。

在另时，我将同你说我的赌博。

——一个退伍的兵的自述之一

1927年11月于北京窄而霉斋

入伍后

凡事都得耐烦去做，忍了痛对你生活去努力。你应当用力量固执着你的希望向前去奋斗，到力尽气竭为止……我们是在同一命运下竭着力量来同生活抗拒的人，看了为可怕的时间所捏碎我们的天真与青春……

学吹箫的二哥

像是他第二，其他的犯人都喊他做二哥，我也常常“二哥二哥”的随了众人叫起他来了。

二哥是白脸长身全无乡村气的一个人。并没有进过城入过学堂，但当时，我比他认的字要少得多。他又会玩各种乐器。我之所以同二哥熟，便是我从小时就有着那种爱听人吹唢呐拉四胡的癖好。因为二哥的指导，到如今，不拘哪一管箫，我都能呜呜的吹出声音来，虽然不怎样好。但二哥对我，可算送了一件好的要忘也无从忘的悲哀礼物了。在近来，人的身体不甚好，听到什么地方吹箫，就像很伤心伤心。固然身体不好把心情弄得过于脆薄，是容易感动的原因之一种，但，同时也是有了二哥的过去的念头，经不住撩拨，才那么自由的让不快的情绪在心中滋长！我有时还这样想：在这世界中，缺少了力，让事实自由来支配我们一切、软弱得如同一块粑的人，死或不死，岂不是同类异样的一个大惨剧么？忽然会生出足以自吓的慈悲心，也许便是深深的触着了这惨剧的幕角原因吧。

想着二哥，我便心有悲戚，如同抓起过去的委屈重新来受的样子。二哥的脸相，竟像是模糊得同孩时每早上闭眼所见葵花黄光一样，执了意要它清楚一点就不能，但当不注意时，忽而明朗起来，也是常有的事。不必要碰时候我也容易估定的，便是二哥样子颇美，各部分，尤其是鼻子，和到眉眼耳朵。或者，正因其是美，这印象便在我心上打下结实的桩来，使我无从忘怀罢。我对于这样的自疑，也缺少自护的气力，有一时，我是的确只有他的性情与模样的美好温良据在我心中，我始觉到人生颇为刻酷的。

这我得回头说一些我们相识的因缘。

民国初年，我出了故乡，随到一群约有一千五百的同乡伯伯叔叔哥子弟兄们，扛了刀刀枪枪，向外就食。大地方没有占到，于是我们把黔游击队放弃了的花江的东乡几个大一点的村镇分头占领了。正因为是还有着所谓军民两长的清乡剿匪的委令，我们的同乡伯伯叔叔们，一到了砦里，在未来以前已有了命令，所传的保甲团总，把给养就接接连连送上来了。初到的四五天，我们便是在牛肉羊肉里过的生活，大吃大喝。甚至于有过颇多的忘了节制的弟兄们，为了不顾命的吃喝，得了颇久的玻。不是为了大吃大喝，谁想离了有趣的家乡？吃以外，我们一到，像是还得了很多的钱。这钱立时就由团长伯伯为分配下来，按营按连，都很公平，照了职务等次，多少不等。营长叔叔是不是也拿，我可不知道了。团长伯伯的三百元，我是见到告示，说是全赏给普通弟兄们让大家瓜分的。我那时也只能怪我身个儿同年龄太小，用补充兵的名义，所以我第一次得来的钱，是三块七毛四，这只是比火夫多七毛四分的一个数目而已。但也是我可喜的事。人家年长得多，身体又高又大，又曾打过仗，才比我这刚入伍的孥孥多得块多钱哩。

三块多钱的情形，除了我请过一次棚内哥弟吃过一对鸭子外，我记不清楚了。

我们就是那么活下来，非常调谐，非常自然。

住处是杨家祠堂。这祠堂大得怕人。差不多有五百人住下，却还有许多空处。住了有一年，我是甚至于有好些地方还不敢一人去。不单是鬼，就是那种空洞寥阔，也是异样怕人的。不知是怎么意思，当真把队伍扯出去打匪虽是不必做的事，但是，却连我最怕的每日三操也像是团长伯伯可怜我们而免了。把一根索子，缠了布片，将索子从枪眼里穿过，用手轻轻的拖过去，这种擦枪的工作，自然是应得象消遣自己来做做。不过又不打靶，这样镇日的擦，各人的枪筒的来复线，也会就是那么擦蚀罢。当真是把枪口擦大，又怎样办？不久，我们的擦枪工作也就停下来了。

不知是哪一个副官做得好事，却要我们补充兵来学打拳。

这真是比在大田坪叉了手去学走慢步还要坏的一件事情！在吹起床号之后就得爬起，十分钟以内又得到戏台下去集合，接着是站桩子，练八进八退，拳师傅且口口声声说最好是大家学“金鸡独立”（到如今我还不知道这金鸡独立，把一只脚高高举起，有什么用处）。把金鸡独立学会时，于是与我一样大小的人每天无事就比起拳来了。小聪明我还有一点，是以我总能把许多大的小的比败。师傅真是给了我们一种娱乐。因为起得早，到空旷处吸了颇多的干净空气，身体像是日益强壮了，手膊子成了方形，吃饭也不让人，在我过去的全部生活中，要算那时为最康健与快乐了吧。

我们第四棚，是经副官分配下来，住在戏台下左边的。楼上是秘书处，又是军法处，他们的人数总有我们两倍多，但也像并没有许多事可以送那些师爷们去做。从书记处那边阑干空处，就时常见到飞下那类用公文纸画上如同戏台边的木刻画的东西来，这可以见出大家正是同样的无聊。我还记得我曾拾了两张白纸颇为细致的画相，一为大战杨再兴，一为张翼德把守芦花荡。最动人的是张飞，胡子朝两边分开，凶神恶煞，但又不失其为天真。据一个弟兄说，这是军法长画的，我于是小心又小心，用饭把来妥妥帖帖粘在我睡处的墙上了。住处虽无床，用新锯的还有香气的柏木板子铺成，上头再用干稻草垫上，一个人一床棉被，也不见得冷。大家睡时是脚并脚头靠头，睡下来还可以轻轻的谈笑话的，这笑话不使楼上人听到，而大家又可乐。到排长来察时，各人把被蒙了头，立时假装的鼾声这里那里就起了。排长其实是在外面已听了许久。可是虽然知道我们假装，也从不曾发过气。他果真是要骂人，到明天大家上后山去玩，不和他亲热，他就会找到不能受的寂寞了。说到排长也真好笑。因为年纪并不比我们大几多，还是三月间二师讲武堂毕的业，有两个兵士是他的叔叔辈，点名到我们这一排时，常受窘到脸红，真难为他！

说到“四叔，我们……”排长就笑着走开了。

在放肆得像一匹小马一样的生活中，经过半年，我学会了泅水，学会了唱山歌，学会了嗾狗上山去撵野鸡，又学会了打野物的几样法术。（这法术，因为没有机会来试，近来也就全忘了。）有一天，像是九月十四样子，副官忽然督工人在我们住处近边建起一座栅栏来了。当那些大木枋子搬来时，大家还说是为我们做床，到后才知道是特为囚犯人的屋子的。不是为怕我们寂寞才来把临时监牢建筑到这里，真是没有什么理由。“把监牢来放在我们附近，这不是伯伯叔叔有意做得可笑的事么？”于是鼓动丁桂生（丁桂生，是营长的二少爷，也是我们的同班补充兵），说：“去呀，到七叔那里去说！”

那小子，当真便走到军法长那里去抗议。不过，结果是因为犯人越来越多，而且所来的又多半是“肥猪”，于是在戏台旁筑监牢的理由就很充分的无从摇动了。

第二天，午时以前，监牢做成后，下午就有三个新来的客，不消说看管的责任就归了我们。逃脱是用不着担心的。这些人你让他逃也不敢。这缘故是这类人并不是山上的大王或喽罗。他们的罪过只是因为家中有了钱而且太多。你不好好的为他们安置到一个四围是木柱子的屋子里，要钱真不是一件容易事情！果真是到了这屋子还想生什么野心逃走，那就请便罢，回头府上的房子同田地再得我们来收拾。把所有的钱捐一点儿出来，大家仍然是客客气气的吃酒拉炕。关于用力量逼迫到这类平时坏透了的土绅拿出钱来，是不是这例规还适用于另一个世界，我可不知，但在当时，我是觉得从良心上的批准，像这样来筹措我们的饷项，是顶合式而又聪明的办法了。

桂生回头时诉说他是这样的办的交涉：

“七叔，怎么要牢？”

“我七叔就说：牢是押犯人的！”

“我又说：并没见一个犯人；犯人该杀的杀，该放的放，牢也是无用！”

“七叔又说：那些不该杀又不能放的，我们把他押起来，他钱就屙马屎样的出来了。不然大家怎么有饷关呢？”

“我就说：那么，牢可以放到别处去，我们并不是来看管犯人的。”

“这些都是肥猪，平常同叔叔喝酒打牌，要你们少爷去看管也不是委屈你们——七叔又是这么说。”

“我也无话可说，只好行个礼下来了。”

“好，我们就做看犯人的牢头，也有趣。”这是听了桂生报告后大家说的。

有趣是有趣，但正当值日那时节，外面的热闹可不能去看了。

第二天副官便为我们分配下来，每两人值日一天，五天后轮到各人一次。值日的人，夜间也只能同那派在一天的弟兄分别来瞌睡。不知道的，会以为是这样就会把我们苦了罢，其实是相反的。你不高兴值夜班，不拘是谁都愿意来相替。第一个高兴为人替到守夜的便是桂生，以前日子，他就每夜非说笑话到十二点不能合眼。值夜班后，他七叔又为我们立了一个新规例，凡是值夜的人得由副官处领取点心钱两毛。牺牲一个通宵，算一回什么事？有两个两毛钱合拢来是四毛，两毛钱去办烧鸡卤肉之类，一毛钱去打酒，剩一毛钱拿去大厨房向包火食的陈大叔匀饭同猪油，后园里有的是不要钱买的萝卜合芫荽，打三更后，便你一杯我一杯的喝将起来。酒喝完了，架三块砖头来炒油炒饭，不是一件顶好玩的事情么？并且，到酒饭完了，想要去睡时，天也快要亮了。

我之所以学会喝酒，便是从此为始。

下面我说一段我们同我们的犯人的谈话："胡子，你怎么还不出去？这里老人家住起来是太不合宜了！"

"谷子卖不出钱，家中又没有现的——你给我个火吧。"

我给了他一根燃着的香，那犯人便吸起旱烟来了。

桂生又问："你家钱多着咧，听军法长说每年是有万多担谷子上仓，怎么就没有钱？"

"卖不出钱！"

"你家中地下必定埋得有窖，把银子窖了！"一个姓齐的说。

"没有，可以挖，试试看。"

"那我们明天就要派人去挖看！"桂生和我同声的吓他。

"可以，可以，……"

其实我们一些小孩子说要明天去挖，无论如何是不会成为事实的，但胡子土财主，说到可以可以时，全身就已打战了。

这胡子在同我们谈话的三天以后，像是真怕军队会去挖他窖藏的样子，找到了保人，承认了应缴的五千块钱捐款，就大摇大摆拿了旱烟袋出去了。这胡子像是个坐牢的老手，极其懂得衙门中规矩似的，出去之后，又特送了我们弟兄一百块洋钱。我们没有敢要，到后他又送到军法长处去，说是感谢我们的照料，军法长仍然把钱发下来，各人八块，排长十六，火夫四块，一百元是那么支配的。补充兵第二次的收入，便是当小禁子得来的八元！

对于那胡子，所给我们的钱，这时想来，却对胡子还感到一点愤恨。在当时，因为他有着许多钱，我们全队正要饷，把他押起来，至少在我们十个年青小孩天真的眼光看起来，是一种又自然又合理的事。但胡子却把我们看成真的以靠犯人赏赐的禁子样子，且多少有一点儿以为我们对他不虐待就是为要钱的缘故，这老东西真侮辱了我们了。守犯人是一件可以发财的差使，真不是我们那时所想到的事。并且我们在那时，发财两个字也不是能占据到心中，我们需要玩比需要钱还厉害。或者，正因其为我们缺少那种发财的欲望与技术，所以司令官才把我们派去罢。

牢中一批批大富户渐渐变成小富户了，这于我们却无关。

所拘的除了他是疯子吵吵闹闹会不让我们睡觉以外，以后来的纵是一个乞丐，我们也会仍能在同一情形下当着禁子罢。

不久，小富户由三个变成两个，两个而一个，过一日，那仅有的一个也认了罚款出去了。于是我们立时便忽然觉到寂寞起来。习惯了的值夜在牢已空了之后当然无从来继续，大的损失便是大家把吃油炒饭的权利失去了。“来一个哟，来一个哟”，大家各自的在暗中来祈祷，盼望不拘是大富小富，只要来一个在木栅栏里住，油炒饭的利益就可以恢复。

可是犯人终不来，一直无聊无赖过了那阴雨的十月。

天气是看看冷下来了；大家每天去山上玩，随意便捡柴割草，多多少少每一人一天总带了一捆柴草回营盘。这一点我是全不内行。正因了不内行，就也落得了快活。别人所带回的是冬天可以烤火的松香或别的枯枝，我则总是扛了一大束山果，回营来分给凡是我相熟的人。有时折回的是花，则连司令那里，桂生家爹，同他七叔处，差遣棚杨伯伯，传达处，大厨房陈叔，一处一大把，得回许多使我高兴的奖语谢语，一个人夜里在被盖中温习享受。不过在我们刚能用别的事情把我们充禁子无从得的怅惘拭去时，新的犯人却来了。

我记到我是同一个姓胡的在一株大的楠木树上玩，桂生同另一个远远走来，“呀，”他大声嚷着，“来了来了，我才看到押了五个往司令部去！”从楠木上溜下来就一同跑回去看。

桂生家七叔正在审讯。

“预备呀！”我是一见到那墙角三块为柴火熏黑的砖，就想起今晚上的油炒饭。

因为看审案是一件顶无趣味的事，于是，我们几个先回了营的人，便各坐在自己铺上等候犯人的下来。

“今天是应轮到我！”对于这有趣的勤务大家都愿意来担负。

夜里是居然有了五个犯人。新的热闹，是给了我们如何的欢喜啊！我记得这夜是十个人全没有睡觉，玩了一个通宵，像庆祝既失的地盘重复夺还的样子，大家一杯又一杯的喝着。

楼上桂生的七叔喊了又喊“大家是要睡”，在每一次楼上有了慈爱的温和的教训后，大家又即刻把声音抑下来。但谁都不能去睡！我们又相互轮到谈笑话，又挑对子两个人来练习打架。兴还未尽，天就发白了，接着，祠堂门前卫兵棚的号兵，也在吹起床喇叭了。

五个犯人之中就有二哥在。到两天以后，我们十个人便全同二哥要起好来了。知道是二哥之所以坐牢不是为捐款，是为了仇家的陷害，不久便可以昭雪以后，便觉得二哥真是一个好人，而且这样的好人，是比桂生家七叔辈还要好。大致二哥之善于说话，也是其所以引起我们同情的一种罢。他告我们，是离此不到二十里的石门寨上人，有妈没有父亲。这仇家是从远祖上为了一个女人结起的，这女人就是二哥的祖母，因为是祖母在先原许了仇家，到后毁约时打了一趟堡子，两边死了许多子侄，仇就是那么结下。以后，那一边受了他们祖宗的遗训，总不忘记当年毁约的耻辱，二哥家父亲就有过两次被贼攀赃污盗，虽到后终得昭雪，昭雪后不久也就病死了。二哥这次入监，也已经是第二次，他说是第一次在黔军军法处只差一分一秒险见就被绑了哩。

问他：“那你怎不求军队或衙门伸冤反坐？”

他说：“仇家势力大，并且军队是这个去了那个来，也是枉然。”

又问他："那就何不迁到县里去住？"

说是："想也是那么想，可是所有田坡全是在乡里，又非自己照料不可。"

"那你就只可听命于天了！"

他却轻轻的对我说："除非是将来到军队里做事，也像你们的样子。"

二哥是想到做一个兵，来免除他那不可抵抗的随时可生的危险的。但二哥此时却还正是一个犯人。怎么有法子就可以来当兵？他说的话桂生也曾听到，桂生答应待他无事出狱后，就为他到他爹处去说情。

因为是同二哥相好，我们每夜的宵夜总也为他留下一份。

他只能喝一杯酒。他从木窟窿里伸出头来，我们就喂他菜喂他酒，其实他手是可以自己拿的，但是这样办来，两边便都觉得有趣。像是不好意思多吃我们的样子，吃了几筷子，头便团鱼样缩进去了，"二哥，还多咧，不必客气吧"，于是又不客气的把头伸出来。在宵夜过后，二哥就为我们说在乡下打野猪以及用药箭射老虎的一些事。有时不同他说话他仍然也是睡不下去，或者，想到家中的妈吧。在我们还没有同二哥很熟时，二哥的妈就来过一次。一个五十多岁的高大乡下人，穿蓝色衣服，在窟窿边同二哥谈了一些话，抹着眼泪就去了。问二哥才知道那就是他妈，知道这边并无大危险，所以回家去照料山坡去了。他妈第二次来时，我们围拢去同她说话，才看出这妇人竟与二哥一个模样，都是鼻梁骨高得极其合式，眉毛微向上略飞，大脚大手，虽然是乡下人样子，却不粗卤。这次来时为二哥背了一背笼红薯，一大口袋板栗，二哥告她在此是全得几个副爷相看护，这一来却把老太太感动了。一个一个的作揖。又用母亲样的眼光来觑我们，且说自己把事做错了，早知道，应当要庄上人挑一担红薯来给大家夜里无事烧起吃。最后这老太太便强把特为她儿子带来的一袋栗子全给了我们，背起空背笼走了。其实她纵不把我们，二哥的东西，我们是仍然要大家不分彼此的让着来吃的。

不知道是怎么样的缘故，每次要桂生去他七叔处打听二哥的案件，总说是还有所候，危险虽没有，也得察明才开释。

既然是全无危险，二哥也像没有什么不愿意久住的道理了。我们可没有替别人想，当到大家都去山上打雀儿时，一个人住在这栅栏子里是怎样寂寞。照我们几个人的意思，二哥就是那样住下来，也没有什么不好。若果真是二哥一日开释，回了家乡，我们的寂寞，真是不可受的寂寞呀！

有一天，不知姓齐的那猴子到什么地方抢来一个竹管子，这管子我们是在故乡时就见到过的。管子一共是七个眼，同箫样，不过大小只能同一枝夺金标羊毫笔相比。在故乡吃了晚饭后，大街上就常有那类四十来岁的中年男子汉，腰带上插了许多大大小小的东西，一面走一面把手中的管子来吹起，声音呜呜喇喇，比唢呐还要脆，价值大概是两个铜子一枚，可是学会吹的总得花上一些儿工夫。桂生见到那管子了，抢过来吹，却作怪不叫。我拿过来也一样的不服我管理。

“我来，我来！”二哥听到外面吵着笑着，伸出头来见了说。

“送二哥试来吹吹！”桂生又从我手里抢过去。

呵，栅栏里，忽然呜呜喇喇起来了。大家都没有能说话。

各人把口张得许多大，静静的来听。不一会，楼上也知道了，一个胡子书记官从栏杆上用竹篾编好黄连纸糊就的窗口上露出个头来，大声问是谁吹这样动人的东西！大家争着告他是犯人。二哥听到有人问，却悄悄的把管子递出来了。桂生接过拿上楼去给那胡子看，下来时高兴的说七叔告二哥再吹几个曲子吧。二哥是仍然吹起来，变了许多花样，竟像比大街上那卖管子的苗老庚还吹得动人。楼上的师爷同楼下的副爷，就呆子样听二哥吹了一个下午。

到明天，又借得一只箫来要二哥试吹，还是一样的好听。

待到大家听饱了以后，就勒着要二哥为指点，大家争到来学习，不过，学到两三天，又觉到厌烦放下了。可是我因此就知道了吹箫的诀窍，不拘一只什么箫，到我手上时，我总有法子使它出声了。这全是得二哥传的法。二哥还告我们他家中是各样乐器都有的，琵琶，筝，箫，笛子，只缺少一个笙。

在乡中，笙是见也无从见到的，但他预备将来托上常德卖油的人去带，说是慢慢的自己来照了书去学。

音乐的天禀，在二哥，真是异样的。各样的乐器，他说都是从人家办红白喜事学来的。一个屈折颇多的新曲，听一遍至两遍也总可熟习，再自己练习一会，吹出来便翻了许多更动人的声音了。单凭了耳朵，长的复杂的曲子也学会了许多。自己且会用管子吹高腔，摹仿人的哼着的调子。又可以摹仿喇叭。军歌也异常熟习。本来一个管子最多总不会吹出二十个高低音符的，但二哥却像能把这些三个或四个音揉碎捏成一个比原来的更壮大，又像把一个音分成两个也颇自然的。

像是有了规则的样子，虽然上头也同我们一样的明知二哥的案子全是被贼匪所诬赖，仇家买合的匪是把头砍下了，但平安无事的二哥，仍然还得花上一百元名为乐捐的罚款，才能出门。真是无聊呵，像才嫁了女的家中，当二哥出去以后！

二哥是在吃了早饭时候出去，到夜里，又特意换了一件干净衣服，剃了一回发，来到我们棚里看我们的。不过这时我却出了门。二哥便同桂生谈笑了一阵。桂生为他打了半斤酒，买来一些卤牛肉，说是“还刚被一个人扯到喝了一顿呢”，但也勉强同桂生喝了一小茶盅酒。他又要桂生为他去试问问营里，若是不为什么资格所限的话，是愿意自己出钱买一支枪来同我们做补充兵的。桂生同其他几个同声说，果若二哥能来到营里，班长的位置是非二哥来做不可的。我们正少一个班长哩。到我回营时，二哥却已返到一个亲戚家去了。

因为是记到二哥说的明日便当返石门寨去看看妈，过几天稍稍把家事清理一下就又返身来候信，所以虽然是一对着栅栏便念着像嫁去的二哥，但总料想第二次见到二哥时，我们便要更其放肆的来一同喝酒说笑了。我是因了二哥允许我的一枝箫，便更觉念念，恐怕是二哥来了后一时不能入营，就时时刻刻催到桂生到他爹处去撒赖。桂生七叔是也知道二哥的为人的，经他帮到一说，事情便妥帖了。只等二哥从石门寨回来，枪不必自己买，桂生家七叔就做了保人补上一个名字。

至少是当时的我，异样的在一种又欢欣又不安的期待中待着二哥的！我知道时间是快要下雪了。一到雪后，我们就可以去试行二哥所告我们的那种法术，用鸟枪灌了细豆子去打斑鸠。桂生的爹处那两匹狗，也将同我们一样高兴，由二哥领队，大家去追赶那雪里的黄山羊！若是追赶的是野猪，我们爬到大树上去，看二哥用耳巴子宽的矛子去刺野猪，那又是如何动人的一幕戏同一张画！

一天，两天，……二哥终于不见来。到第四天，桂生从他七叔处得来一个坏消息，二哥的妈在二哥出牢第三天，就有一个禀帖说是儿子正预备着一切，要来当个兵，夜里几个脸上抹了烟子的人，把儿子从家中拖出去跑了……第二个禀帖便是说已在坳上为人发现了儿子的尸体，头和手脚却已被人用刀解了下来束成在一处，挂在一株桐子树上，显然是仇杀，只要求为儿子伸冤。桂生说完，大家全哭了。若是二哥还是坐在监牢里，总不至于这样吧。这不消说是仇家见到二哥这次又没有被军队认做匪，自己的陷害不成功，眼看到二哥是仍然平平安安回到家里来；并且二哥行将来营里当兵的消息，总又是那位爽直的老太太透露了出去，所以仇家就出了这样一个毒计策，买人把二哥害了。

……箫是不必学了！我们那一棚的班长也只好让他那样缺着下去了！桂生呵，要你爹把那两匹狗打了吃掉吧！没有二哥，山羊是赶不成了！

桂生听着我的伤心的话语，一面抹着眼泪，一面爬到凳子上头去，把墙头上悬着那一大捆带壳的细绿豆，取下来掷到地上后，用脚蹂的满地是豆子。

“要这东西是有什么用处？将来谁再打斑鸠就是狗养的！……”

这夜对着空的监牢，我们才感到以前未曾经过的大的空虚。同样的心情，就是二姊死了，让尸身塞到棺木里，眼见为几个肮脏伕子抬去后那样的欲哭不能的到堂屋里去烧夜香时候！

在快要过年那几天，我们是正用生的棕布包了脚，在那没膝的厚雪里走动，开差到麻阳县去的。在路上，见到那白雪上山狸子的一串脚印，经我悄悄的指点给桂生，不久大家都见到了。大家都会意。因为这样小小的印子，引起了我们对二哥的怀念，又无一个人敢提出关于二哥的话语，觉得都很惨戚。山狸子的脚迹是在雪消后就会失去的，二哥却在我们十个人心上，留下一个不容易为时间拭去的深深的影子。

到近来，使我想起死的朋友们而辄觉惘然的，是已有了差不多近十个，二哥算是我最初一个好朋友。还是能吃能喝活着的当年那九个副爷们，虽然是活的方法同趣味也许比往日要长进了许多，像桂生同小齐，是在前年见着时就已经穿了上尉制服的，不过，我们的当年那种天真的稚气，却如同二哥一样早已死去成灰了。想大家再一同来酒呀肉呀你一杯我一杯的不客气的兄弟样吃喝，是一件比做皇帝还要难的事。

就是真实的过去，也成了梦幻似的传奇似的事情，在此时要去当兵的年青人，谅亦无从去找到那同样浪漫不羁的生活教训了。

死不甘心生又不能的吉弟，在无可奈何中往东北陆军第二旅当兵去了。送他去时，见到他眼泪婆娑的一个人进那二旅司令部，回头在车子上，我想到我在比他还幼小的年龄出门入伍的情形，又想到不期望在我如今居然却来改了业，而改业后仍然还不能忘情于过去，心里忽然酸楚起来，泪便堕在大褂前襟上面了。吉弟呵，勇敢一点吧。这里的军中不比家庭，官佐上司不是父母，同队弟兄也与我们朋友是异样，这一次我希望是我最后见到你的小孩子的眼泪，以后你就能把眼泪收拾起来，学做一个大人！我是像你这样十七岁的年纪时，便已管理十个比我还大的人，充班长每日训练别人了。你当随时小心又小心，莫让人拿你来做整理军纪的证明。凡事都得耐烦去做，忍了痛对你生活去努力。你应当用力量固执着你的希望向前去奋斗，到力尽气竭为止。你当认清你生活周围的敌人：时时想打仗的军阀？不是的！穿红绿衣裳用颜料修饰眼眉的女人么？不是的！在不合理的社会制度下养成的一切权威，就是你的敌人！在两样的命运下，我是希望你没有为枪呀炮呀打死，侥幸能活下找得出对于这世界施以一种酷刻的报复的。在生活的侮辱下糟踏，与其每天每天去尽了全力与柴米油盐来打仗，结果胜负还是未可知，不如走这士大夫所不齿的一条路，还是于你我都适宜。一切的站到幸运上的人，周围的事实是已把他们思想铸定成为了那样懦怯与自私，他们哪能知道一个年青的人在正好接受智慧的时候为生活压下而继续死去是普遍的事实？他们哪能知道他自己以外的还有生活的苦战？那类口诵着陈旧的格言说是“好男不当兵”的圆脸凸肚绅士们，我是常常的梦到我正穿起灰衣在大街上见一个就是一个耳刮的。这可笑的梦我竟常常的要做。呵，小的弟弟，那类绅士的教训，若是在你心中居然生了足以使你自惭的坏影响，真是不应该！目下，在此几个穷苦朋友们，还梦着呓语着，要在艺术上建设什么，找寻什么，在追求中却为了饥饿而僵仆，让冬天的寒风在头上代表人类做冷峭的狞笑。这样的结果一无所得、包着苦恼死去的朋友们，这里那里全是。从这种悲剧的连续中，已给了我们颇大的真而善的教训了。当兵，便是我们这类人从梦中找不到满足复仇的一条大路！虽然这并不是一条平坦的路，但比之于类乎“秀才造反”的途径，已是异样的清楚了。吉弟，好好的对着新的生活努力罢。你好好的学一个大人，不要时时眼泪婆娑，不要如我六弟那样莽，我同你村哥也就可以放心了。

我们是在同一命运下竭着力量来同生活抗拒的人，看了为可怕的时间所捏碎我们的天真与青春，真是只有抚着脸儿来痛哭。但是，向渺茫的那一点儿光明去看吧。过去的是已经成为过去了。好好的运用着未来也不为迟！得你来信，说是除了带皮帽子大家骤然相对时要不禁微笑外一切都还好过，你不会知道我在接到你这信以后是怎样在喜悦与惆怅中眷念着我过去的自己！恐怕你仍然免不了初离开我们的寂寞，我才来写这一篇我的入伍生活，愿你有好的朋友，也能如我当时，只是不要到了我这样年纪时，却来改了业，写当年的一切给你小的朋友看！

1926 年 6 月

虎雏

一副微黑的长长的脸孔，一条直直的鼻子，一对秀气中含威风的眉毛，两个大而灵活的眼睛……他一定会音乐和图画，不擅长的也一定极其理解。他一定对于文学有极深的趣味，对于科学又有极完全的知识。他一定坚毅诚实，又一定健康高尚。

我那个做军官的六弟上年到上海时，带来了一个小小勤务兵，见面之下就同我十分谈得来，因为我从他口上打听出了多少事情，全是我想明白终无法可以明白的。六弟到南京去接洽事情时，就把他暂时丢在我的住处，这小兵使我十分中意。我到外边去玩玩时，也常常带他一起去，人家不知道的，都以为这就是我的弟弟，有些人还说他很像我的样子。我不拘把他带到什么地方去，见到的人总觉得这小兵不坏。其实这小孩真是体面得出众的。一副微黑的长长的脸孔，一条直直的鼻子，一对秀气中含威风的眉毛，两个大而灵活的眼睛，都生得非常合式，比我六弟品貌还出色。

这小兵乖巧得很，气派又极伟大，他还认识一些字，能够看《三国演义》。我的六弟到南京把事办完要回湖南军队里去销差时，我就带开玩笑似的说："军官，咱们俩商量一下，打个交道，把你这个年轻人留下给我，我来培养他，他会成就一些事业。你瞧他那样子，是还值得好好儿来料理一下的！"

六弟先不大明白我的意思，就说我不应当用一个副兵，因为多一个人就多一种累赘。并且他知道我脾气不大好，今天欢喜的自然很有趣味，明天遇到不高兴时，送这小子回湘可不容易。

他不知道我意思是要留他的副兵在上海读书的，所以说我不应当多一个累赘。

我说：“我不配用一个副兵，是不是？我不是要他穿军服，我又不是军官，用不着这排场！我要他穿的是学校的制服，使他读点书。”我还说及“倘若机会使这小子傍到一个好学堂，我敢断定他将来的成就比我们弟兄高明。我以为我所估计的绝不会有什么差错，因为这小兵决不会永远做小兵的。可是我又见过许多人，机会只许他当一个兵，他就一辈子当兵，也无法翻身。如今我意思就在另外给这小兵一种不同机会，使他在一个好运气里，得到他适当的发展。我认为我是这小兵的温室。”

我的六弟听到了我这种书生意见，觉得十分好笑，大声的笑着。

“那你简直在毁他！”他很认真的样子说，“你以为那是培养他，其中还有你一番好意值得感谢。你以为他读十年书就可以成一个名人，这真是做梦！你一定问过他了，他当然答应你说这是很好的。这个人不止是外表可以使你满意，他的另外一方面做人处，也自然可以逗你欢喜。可是你试当真把他关到一个什么学校里去看看，你就可以明白一个作了三年勤务兵在我们那个野蛮地方长大的人，是不是还可以读书了。

“你这时告诉他读书是一件好事，同时你又引他去见那些大学教授以及那些名人，你口上即不说这是读书的结果，他仍然知道这些人因为读了点书才那么舒服尊贵的。我听到他告我，你把他带到那些绅士的家中去，坐在软椅上，大家很亲热和气的谈着话，又到学校去，看看那些大学生，走路昂昂作态，仿佛家养的公鸡，穿的衣服又有各种样子，他乍一看自然也很羡慕，但是他正像你看军人一样。就只看到表面。你不是常常还说想去当兵吗？好，你何妨再去试试。我介绍你到一个队伍里去试试，看看我们的生活，是不是如你所想象的美，以及旁人所说及的坏。你欢喜谈到，你去详细生活一阵好了。

“等你到了那里拖一月两月，你才明白我们现在的队伍，是些什么生活。平常人用自己物质爱憎与自己道德观念作标准，批评到与他们生活完全不同的军人，没有一个人说得对。你是退伍的人，可是十年来什么也变了，如今再去看看，你就不会再写那种从容放荡的军人生活回忆了。战争使人类的灵魂野蛮粗糙，你能说这句话却并不懂它的真实意思。”

我原来同我六弟说的，是把他的小兵留下来读书的事，谁知平时说话不多的他，就有了那么多空话可说。他的话中意思，有笑我是十足书生的神气。我因为那时正很有一点自信，以为环境可以变更任何人性，且有点觉得六弟的话近于武断了。我问他当了兵的人就不适宜于进一个学校去的理由，是些什么事，有些什么例子。

六弟说："二哥，我知道你话里意思有你自己。你正在想用你自己作辩护，以为一个兵士并不较之一个学生为更无希望。因为你是一个兵士。你莫多心，我不是想取笑你，你不是很有些地方觉得出众吗？也不只是你自己觉得如此，你自己或许还明白你不会做一个好军人，也不会成一个好艺术家。（你自己还承认过不能做一个好公民，你原是很有自知之明！）

"人家不知道你时，人家却异口同声称赞过你！你在这情形下虽没有什么得意。可是你却有了一种不甚正确的见解，以为一个兵士同一个平常人有同样的灵魂这一件事情。我要纠正这个，你这是完全错误了的。平常人除了读过几本书学得一些礼貌和虚伪世故外，什么也不会明白，他当然不会理解这类事情。但是你不应当那么糊涂。这完全是两种世界两种阶级，把他牵强混合起来，并不是一个公平的道理！你只会做梦，打算一篇文章如何下手，却不能估计一件事情。"

"你不要说我什么，我不承认的。"我自然得分辩，不能为一个军官说输，"我过去同你说到过了，我在你们生活里，不按到一个地方好好儿的习惯，好好儿的当一个下级军官，慢慢的再图上进，已经算是落伍了的军人。再到后来，逃到另外一个方向上来，又仍然不能服从规矩和目下的社会习俗谋妥协，现在成了个不文不武的人，自然还是落伍。我自己失败，我明白是我的性格所形成，我有一个诗人的气质，却是一个军人的派头，所以到军队人家嫌我懦弱，好胡思乱想，想那些远处，打算那些空事情，分析那些同我在一处的人的性情，同他们身分不合。到读书人里头，人家又嫌我粗率，做事马胡，行为简单得怕人，与他们身分仍然不合。在两方面都得不到好处，因此毫无长进，对生活且觉得毫无意义。这是因为我的体质方面的弱点，那当然是毫无办法的。至于这小副兵，我倒不相信他依然像我这样子悲剧性。”

“你不希望他像你，你以为他可以像谁？还有，就是他当然也不会像你。他若当真同你一样，是一个只会做梦不求实际只会想象不要生活的人，他这时跟了我回去，机会只许他当兵，他将来还自然会做一个诗人。因为一个人的气质虽由于环境造成，他还是将因为另外一种气质反抗他的环境，可以另外走出一条道路。若是他自己不觉到要读书，正如其他人一样，许多人从大学校出来，还是做不出什么事业来。”

“我不同你说这种道理，我只觉得与其把这小子当兵，不如拿来读书。他是家中舍弃了的人，把他留在这里，送到我们熟人办的那个 ×× 中学校去，又不花钱，又不费事，这事何乐不为。”

我的六弟好像就无话可说了，问我 ×× 中学要几年毕业。

我说，还不是同别的中学一个样子，六年就可以毕业吗？六弟又笑了，摇着那个有军人风的脑袋。

“六年毕业，你们看来很短，是不是？因为你说你写小说至少也要写十年才有希望，你们看日子都是这样随便，这一点就证明你不是军人。若是军人，他将只能说六个月的。六年的时间，你不过使这小子从一个平常中学卒业，出了学校找一个小事做，还得熟人来介绍，到书铺去当校对，资格还发生问题。可是在我们那边，你知道六年的时间，会使世界变成什么样子？一个学生在六年内还只有到大学的资格，一个兵士在六年内却可以升到营连长。两件事比较起来，相差得可太远了。生长在上海，家里父兄靠了外国商人供养，做一点小小事情，慢慢的向上爬去，十年八年因为业务上谨慎，得到了外国资本家的信托，把生活举起，机会一来就可以发财，儿子在大学毕业，就又到洋行去做事，这是上海洋奴的人生观。另外不作外国商人的奴隶，不作官，宁愿用自己所学去教书，自然也还有人。但是你若没有依傍，到什么地方去找书教？你一个中学校出身的人，除了小学还可以教什么书？本地小学教员比兵士收入不会超过一倍，一个稍有作为的兵士，对于生活改变的机会，却比一个小学教员多十倍；若是这两件事平平的放在一处，你意思选择什么？”

我说："你意思以为六年内你的副兵可以做一个军官，是不是？"

"我意思只以为他不宜读书。因为你还不宜于同读书人在一处谋生活，他自然更不适当了。"

我还想对于这件事有所争论，六弟却明白我的意思，他就抢着说："你若认为你是对的，我尽你试验一下，尽事实来使你得到一个真理。"

本来听了他说的一些话，我把这小子改造的趣味已经减去一半了，但这时好像故意要同这一位军官斗气似的，我说："把他交给我再说。我要他从国内最好的一个大学毕业，才算是我的主张成功。"

六弟笑着："你要这样麻烦你自己，我也不好意思坚持了。"

我们算是把事情商量定局了，六弟三天即将回返湖南，等他走后我就预备为这未来的学士，找朋友补习数学和一切必需课程，我自己还预备每天花一点钟来教他国文，花一点钟替他改正卷子。那时是十月，两月后我算定他就可以到 ×× 中学去读书了。我觉得我在这小兵身上，当真会做出一分事业来，因为这一块原料是使人不能否认可以治成一件值价的东西的。

我另外又单独的和这个小兵谈及，问他是不是愿意不回去，就留在这里读书，他欢喜的样子是我描摹不来的。他告我不愿意做将军，愿意做一个有知识的平民。他还就题发挥了一些意见，我认为意见虽不高明，气概却极难得。到后我把我们的谈话同六弟说及，六弟总是觉得好笑。我以为这是六弟军人顽固自信的脾气，所以不愿意同他分辩什么。

过了三天，三天中这小副兵真像我的最好的兄弟，我真不大相信有那么聪颖懂事的人。他那种识大体处，不拘为什么人看到时，我相信都得找几句话来加以赞美，才会觉得不辜负这小子。

我不管六弟样子怎么冷落，却不去看他那颜色，只顾为我的小友打算一切。我六弟给过了我一百块钱，我那时在另外一个地方，又正得到几十块钱稿费，一时没有用去，我就带了他到街上去，为他看应用东西。我们又到另一处去看中了一张小床，在别的店铺又看中其他许多东西。他说他不欢喜穿长衣，那个太累赘了一点，我就为他定了一套短短黑呢中山服，制了一件粗毛呢大衣。他说小孩子穿方头皮鞋合式一点，我就为他定制了一双方头皮鞋。我们各处看了半天，估计一切制备齐全，所有钱已用去一半，我还好像不够的样子，倒是他说不应当那么用钱，我们两个人才转回住处。我预备把他收拾得像一个王子，因为他值得那么注意。我预备此后要使他天才同年龄一齐发展，心里想到了这小子二十岁时，一定就成为世界上一个理想中的完人。他一定会音乐和图画，不擅长的也一定极其理解。他一定对于文学有极深的趣味，对于科学又有极完全的知识。他一定坚毅诚实，又一定健康高尚。他不拘做什么事都不怕失败，在女人方面，他的成功也必然如其他生活一样。他的品貌与他的德行相称，使同他接近的人都觉得十分爱敬。……不要笑我，我原是一个极善于在一个小事情上做梦的人，那个头顶牛奶心想二十年后成家立业的人是我所心折的一个知己，我小时听到这样一个故事，听人说到他的牛奶泼在地上时，大半天还是为他惆怅。如今我的梦，自然已经早为另一件事破灭了。可是当时我自己是忘记了我的奢侈夸大想象的，我在那个小兵身上做了二十年梦，我还把二十年后的梦境也放肆的经验到了。我想到这小子由于我的力量，成就了一个世界上最完全最可爱的男子，还因为我的帮助，得到一个恰恰与他身分相称的女子作伴，我在这一对男女身边，由于他人的幸福，居然能够极其从容的活到这世界上。那时我应当已经有了五十多岁，我感到生活的完全，因为那是我的一件事业，一种成功。

到后只差一天六弟就要回转湖南销差去了，我们三人到一个照相馆里去拍了一个照。把相照过后，我们三人就到 ×× 戏院去看戏，那时时候还不到，故就转到 ×× 园里去玩。

在园里树林子中落叶上走着，走到一株白杨树边，就问我的小朋友，爬不爬得上去，他说爬得上去。走了一会，又到一株合抱大枫树边，问这个爬不爬得上去，他又说爬得上去。一面走就一面这样说话，他的回答全很使我满意。六弟却独在前面走着，我明白他觉得我们的谈话是很好笑的。到后听到枪声，知道那边正有人打靶，六弟很高兴的走过去，我们也跟了过去，远远的看那些人伏在一堵土堆后面，向那大土堆的白色目标射击。我问他是不是放过枪，这小子只向着六弟笑，不敢回答。

我说："不许说谎，是不是亲自打过？"

"打过一次。"

"打过什么？"

这小子又向着六弟微笑，不能回答。

六弟就说："不好意思说了吗？二哥，你看起他那样子老实温和，才真是小土匪！为他的事我们到 ×× 差一点儿出了命案。这样小小的人，一拳也经不起，到 ×× 去还要同别的人打架，把我手枪偷出去，预备同人家拼命。若不是气运，差一点就把一个岳云学生肚子打通了。到汉口时我检查枪，问他为什么少了一颗子弹，他才告我在长沙同一个人打架用了的。我问他为什么敢拿枪去打人，他说人家骂了他丑话，又打不过别人，所以想一枪打死那个人。"

六弟觉得无味的事，我却觉得更有趣味，我揪着那小子的短头发，使他脸望着我，不好躲避，我就说："你真是英雄，有胆量。我想问你，那个人比你大多少？怎么就会想打死他？"

“他大我三岁，是岳云中学的学生，我同参谋在长沙住在××，六月里我成天同一个军事班的学生去湘河洗澡，在河里洗澡，他因为泅水比我慢了一点，和他的同学，用长沙话骂我屁股比别人的白，我空手打不过他，所以我想打死了他。”

“那以后怎么又不打死他？”

“打了一枪不中，子弹啃了膛，我怕他们捉我，所以就走脱了。”

六弟说：“这种性情只好去当土匪，三年就可以做大王。再过一阵就会被人捉去示众。”

我说：“我不承认你这话。他的胆量使他可以做大王，也就可以使他做别的伟大事业。你小时也是这样的。同人到外边去打架胡闹，被人用铁拳星打破了头，流满了一脸的血，说是不许哭，你就不哭。你所以现在做军官，也不失为一个好军人。若是像我那么不中用，小时候被人欺侮了，不能报仇，就坐在草地上去想，怎么样就学会了剑仙使剑的方法，飞剑去杀那个仇人，或者想自己如何做了官，派家将揪着仇人到衙门来打他一千板屁股，出出这一口气。单是这样空想，有什么用处？一个人越善于空想，也就越近于无用，我就是一个最好的榜样。”

六弟说：“那你的脾气也不是不好的脾气，你就是因为这种天赋的弱点，成就了你另外一份天赋的长处。若是成天都想摸了手枪出去打人，你还有什么创作可写。”

“但是你也知道多少文章就是多少委屈。”

“好，我汉口那把手枪就送给你，要他为你收着，做你的保镖吧。从此有什么被人欺侮的事，都要这个小英雄去替你报仇好了。”

六弟说得我们大家都笑了。我向小兵说：“假若有一把手枪，将来我讨厌什么人时，要你为我去打死他们，敢不敢去动手？”他望了我笑着，略略有点害羞，毅然的说：“敢。”我很相信他的话，他那态度是诚恳天真，使人不能不相信的。

我自然是用不着这样一个镖客喔！因为始终我就没有一个仇人值得去打一枪。有些人见我十分沉静，不大谈长道短，间或在别的事上造我一点谣言，正如走到街上被不相识的狗叫了一阵的样子，原因是我不大理会他们，若是稍稍给他们一点好处，也就不至于吃惊受吓了。又有些自己以为读了很多书的人，他不明白我，看我不起，那也是平常的事。至于女人都不欢喜我，其实就是我把逗女人高兴的地方都太疏忽了一点，若我觉得是一种仇恨，那报仇的方法，倒还得另外打算，更用不着镖客的手枪了。

不过我身边有了那么一个勇敢如小狮子的伙伴，我一定从此也要强干一点，这是我顶得意的。我的气质即或不能许我行为强梁，我的想象却一定因为身边的小伴，可以野蛮放肆一点。他的气概给了我一种气力，这气力是永远还能存在而不容易消灭的。

那天我们看的电影是《神童传》，说一个孤儿如何奋斗成就一生事业。

第二天，六弟就动身回湖南去了。因六弟坐飞机去，我们送他到飞机场。六弟见我那种高兴的神气，不好意思说什么扫兴的话批评到小兵，他当到小兵告我，若是觉得不能带他过日子时，就送到南京师部办事处去，因为那边常有人回湖南，他就仍然可以回去。六弟那副坚决冷静的样子，使我感到十分不平，我就说："我等到你后来看他的成就，希望你不要再用你的军官身分看待他！"

"那自然是好的。你自信能成就他，恐怕的是他不能由你的造就。你就留下他过几个月看看罢。"

我纠正他的前面一句话，大声的说："过几年。"

六弟忙说："好，过几年。一件事你能过几年不变，我自然也高兴极了。"

时间已到，六弟坐到飞机客座里去，不一会这飞机就开走了，我们待飞机完全不见时方回家来。回来时我总记到六弟那种与我意见截然相反的神气，觉得非常不平，以为六弟真是一个军人，看事情都简单得怕人，自信成见极深，有些地方真似乎顽固得很。我因为六弟说的话放在心上，便觉得更想耐烦来整顿我这个小兵，我也就想用事实来打破六弟的成见，我以为三年后暑假带这小兵回乡时，将让一切人为我处理这小孩子的成绩惊讶不已。

六弟走后我们预定的新生活便开始了，看看小兵的样子，许多地方聪明处还超过了我的估计，读书写字都极其高兴。过了四天，数学教员也找到了，教数学的还是一个大学教授！这大教授一到我处，见到这小兵正在读书，他就十分满意：他说，“这小朋友我很爱他，真是一个笑话。”我说：“那就妙极了，他正在预备考 ×× 中学，你大教授权且来尽义务充一个小学教员，教他乘法除法同分数罢。”这大教授当时毫不迟疑就答应了。

许多朋友都知道我家中有一个小天才的事情了，凡是来到我住处玩的，总到亭子间小朋友处去谈谈。同了他玩过一点钟的，无一人不觉得他可爱，无一人不觉得这小子将来成就会超过自己。我的朋友音乐家 ××，就主张这小朋友学提琴，他愿意每天从公共租界极北跑来教他。我的朋友诗人 ××，又觉得这小孩应当成一个诗人。还有一个工程学教授宋先生，他的意见却劝我送小孩子到一个极严格的中学校去，将来卒业若升入北洋大学时，则他愿意帮助他三年学费。还有一个律师，一个很风趣的人，他说：“为了你将来所有作品版税问题，你得让他成一个有名的律师，才有生活保障。”

大家都愿意这小朋友成为自己的同志，且因这个缘故，他们各个还向我解释过许多理由。为什么我的熟人都那么欢喜这小兵，当时我还不大明白，现在才清楚，那全是这小兵有一个迷人的外表。这小兵，确实是太体面一点了。我的自信，我的梦，也就全是为那个外表所骗而成的!

这小兵进步是很快的，一切都似乎比我预料得还顺利一点，我看到我的计划，在别人方面的成功，感到十分快乐。为了要出其不意使六弟大吃一惊，目前却不将消息告给六弟。为这小兵读书的原因，本来生活不大遵守秩序的我，也渐渐找出秩序来了。我对于生活本来没有趣味，为了他的进步，我像做父亲的人在佳子弟面前，也觉得生活还值得努力了。

每天我在我房中做事情，他也在他那间小房中做事情，到吃饭时就一同往隔壁一个外国妇人开的俄菜馆吃牛肉汤同牛排。清早上有时到 ×× 花园去玩，有时就在马路沿走走。晚上饭后应当休息一会儿时节，不是我为他学西北绥远包头的故事，就是学东北的故事。有时由他说，则他可以告我近年来随同六弟到各处剿匪的事情，他用一种诚实动人的湘西人土话，说到六弟的胆量。说到六弟的马。说到在什么河边滩上用盒子枪打匪，他如何伏在一堆石子后面，如何船上失了火，如何满河的红光。又说到在什么洞里，搜索残匪，用烟子熏洞，结果得到每只有三斤多重的白老鼠一共有十七只，这鼠皮近来还留在参谋家里。又说到名字叫作“三五八”的一个苗匪大王，如何勇敢重交情，不随意抢劫本乡人。凡事由于这小兵说来，搀入他自己的观念，仿佛在这些故事的重述上，见到一个小小的灵魂，放着一种奇异的光，我在这类情形中，照例总是沉默到一种幽杳的思考里，什么话也没有可说。因这小朋友观念、感想、兴味的对照，我才觉得我已经像一个老人，再不能同他一个样子了。这小兵的人格，使我在反省中十分忧郁，我在他这种年龄上时，却除了逃学胡闹或和了一些小流氓蹲在土地上掷骰子赌博以外，什么也不知道注意的。到后我便和他取了同样的步骤，在军队里做小兵，极荒唐的接近了人生。但我的放荡的积习，使我在作书记时，只有一件单汗衣，因为自己一洗以后即刻落下了行雨，到下楼吃饭时还没有干，不好意思赤膊到楼下去同副官们吃饭，我就饿过一顿饭。如今这小兵，却俨然用不着人照料也能够站起来成一个人，因这小兵的人格，想起我的过去，以及为过去积习影响到的现在，我不免感觉到十分难过。

日子从容的过去，一会儿就有了一个月，小兵同我住在一处，一切都习惯了，有时我没有出门，要他到什么地方去看看信，也居然做得很好。有时数学教员不能来，他就自己到先生那里去。时间一久，有些性质在我先时看来，认为是太粗卤了一点的，到后也都没有了。

有一天，我得到我的六弟由长沙来的一个信，信上说着：……二哥，你的计划成功了没有？你的兴味还如先前那样浓厚没有？照我的猜想，你一定是早已觉得失败了。我同你说到过的，“几个月”你会觉得厌烦，你却说“几年”也不厌烦，我知道你这是一句激出的话，你从我的冷静里，看出我不相信你能始终其事，你样子是非常生气的。可是你到这时一定意见稍稍不同了。我说这个时，我知道你为了骄傲，为了故意否认我的见解，你将仍然能够很耐烦的管教我们的小兵，你一定不愿意你做的事失败。但是，明明白白这对你却是很苦的，如今已经快到两个月了，你实在已经够受了，当初小孩子的劣点以及不适宜于读书的根性，倘若当初是因为他那迷人的美使你原谅疏忽，到如今，他一定使你渐渐的讨厌了。

……我希望你不要太麻烦自己。你莫同我争执，莫因拥护你那做诗人的见解，在失败以后还不愿意认账。我知道你的脾气，因为我们为这件事讨论过一阵，所以你这时还不愿意把小兵送回来，也不告我关于你们的近状。

可是我明白，你是要在这小子身上创造一种人格，你以为由于你的照料，由于你的教育，可以使他成一个好人。

但是这是一种夸大的梦，永远无从实现的。你可以影响一些人，使一些人信仰你，服从你，这个我并不否认的。

但你并不能使那个小兵成好人。你同他在一处，在他是不相宜的，在你也极不相宜。我这时说这个话时也许仍然还早了一点，可是我比你懂那个小兵，他跟了我两年，我知道他是什么材料。他最好还是回来，明年我当送他到军官预备学校去，这小子顶好的气运，就是在军队中受一种最严格的训练，他才有用处，才有希望。

……你不要以为我说的话近于武断，我其实毫无偏见。现在有个同事王营长到南京来，他一定还得到上海来看看你，你莫反对我这诚实的提议，还是把小兵交给那个王同事带回去。两个月来我知道你为他用了很多的钱，这是小事，最使我难过的，还是你在这个小兵身上，关于精神方面损失得很多，将来出了什么事，一定更有给你烦恼处。

……你觉得自信并不因这一次事情的失败而减去，我同你说一句笑话，你还是想法子结婚。自己的小孩，或者可以由自己意思改造，或者等我明年结婚后，有了小孩，半岁左右就送给你，由你来教养培植。我很相信你对小孩教育的认真，一定可以使小孩子健康和聪敏，但一个有了民族积习稍长一点的孩子，同你在一块，会发生许多纠纷！

…………

六弟的信还是那么军人气度，总以为我是失败了，而在斗气情形下勉强同他的小兵过日子的。尤其他说到那个“民族”积习，使我很觉得不平。我很不舒服，所以还想若果姓王的过两天来找寻我时，我将不会见他。

过了三天，我同小兵出外到一个朋友家中去，看从法国寄回来的雕刻照片，返身时，二房东说有一个军官找我，坐了一会留下一个字条就走了。看那个字条，才知道来的就是姓王的。先是六弟只说同事王营长，如今才知道六弟这个同事，却是我十多年前的同学。我同他在本乡军士技术班做学生时，两个人成天皆从家中各打了一根竹子，预备到学校去练习撑篙跳，我们两个人年纪都极小，每天穿灰衣着草鞋扛了两根竹子在街上乱撞，出城时，守城兵总开玩笑叫我们做小猴子，故意拦阻说是小孩子不许扛竹子进出，恐怕戳坏他人的眼睛。这王军官非常狡猾，就故意把竹子横到城门边，大声的嚷着说是守城兵抢了他的撑篙跳的杆儿。想不到这人如今居然做营长了。

为了我还想去看看我这个同学，追问他撑篙跳进步了多少，还想问他，是不是还用得着一根腰带捆着身上，到沙里去翻筋斗。一面我还想带了小兵给他看看，等他回去见到六弟时，使六弟无话可说，故当天晚上，我们在大中华饭店就见面了。

见到后一谈，我们提到那竹子的事情，王军官说：“二爷，你那个本领如今倒精细许多了，你瞧你把一丈长的竹子，缩短到五寸，成天拿了它在纸上画，真亏你！”

我说：“你那一根呢？”

他说：“我的吗？也缩短了，可是缩短成两尺长的一只笛子。我近来倒很会吹笛子。”

我明白他说的意思，因为这人脸上瘦瘦白白的，我已猜到他是吃大烟了。我笑着装作不甚明白的神气：“吹笛子倒不坏，我们小时都只想偷道士的笛子吹，可是到手了也仍然发不成声音来。”

军官以为我愚癔，领会不到他所指的笛子是什么东西，就极其好笑：“不要说笛子罢，吹上了瘾真是讨厌的事！”

我说：“你难道会吃烟了吗？”

“这算奇怪的事吗？这有什么会不会？这个比我们俩在沙坑前跳三尺六容易多了。不过这些事倒是让人一着较好，所以我还在可有可无之间，好像唱戏的客串，算不得角色。”

“那么，我们那一班学撑篙跳的同学，都把那竹子截短了。”

“自然也有用不着这一手的，不过习惯实在不大好，许多拿笔的也命‘枪’，无从编遣。”

说到这里我们记起了那个小兵了，他正站在窗边望街，王军官说：“小鬼头，你样子真全变了，你参谋怕你在上海捣乱，累了二先生，要你跟我回去，你是想做博士，还想做军官？”

小兵说："我不回去。"

"你跟了二先生这么一点日子，就学斯文得没有用处了。你引我的三多到外面玩玩去。你一定懂得到'白相'了。你就引他到大马路白相去，不要生事，你找个小馆子，要三多请你喝一杯酒，他才得了许多钱。他想买靴子，你引他买去，可不要买象巡捕穿的。"

小兵听到王军官说的笑话，且说要他引带副兵三多到外面去玩，望着我只是笑，不好作什么回答。

王军官又说："你不愿同三多玩，是不是？你二先生现在到大学堂教书，还高兴同我玩，你以为你就是学生，不能同我副兵在一起白相了吗？"

小兵见王军官好像生了气，故意拿话窘着他，不会如何分辩，脸上显得绯红。王军官便一手把他揪过去："小鬼头，你穿得这样体面，人又这样标致，同我回去，我为你做媒讨个标致老婆，不要读书了罢。"

小兵益觉得不好意思，又想笑又有点怕，望着我想我帮帮他的忙，且听我如何吩咐，他就照样做去。

我见到我这个老同学爽利单纯，不好意思不让他陪勤务兵出去玩，我就说："你熟习不熟习买靴子的地方？"

他望了我半天，大约又明白我不许他出去，又记到我告过他不许说谎，所以到后才说：“我知道。”

王军官说：“既然知道，就陪三多去。你们是老朋友，同在一堆，你不要以为他的军服就辱没了你的身分。你骗不了我，你的样子倒像学生，你的心可不是学生。你莫以为我的勤务兵像貌蠢笨，三多是有将军的分的。你们就去罢，我同你二先生还要在这里谈谈话，回头三多请你喝酒，我就要二先生请我喝酒。……”

王军官接着就喊：“三多，三多。”那副兵当我们来时到房中拿过烟茶后，出去似乎就正站立在门外边，细听我们的谈话，这时听到营长一叫，即刻就进来了。

这副兵真像一个将军，年纪似乎还不到十六岁，全身就结实得如成人，身体虽壮实却又非常矮短，穿的军服实在小了一点，皮带一束，因此全身绷得紧紧的如一木桶，衣服同身体便仿佛永远在那里作战。在一种紧张情形中支持，随时随处身上的肉都会溢出来，衣服也会因弹性而飞去。这副兵样子虽痴，性情却十分好，他把话都听过了，一进来就笑嘻嘻的望着小兵。

王军官一见到自己勤务兵的痴样子，做出十分难受的神情：“三大人，我希望你相信我的忠告，少吃喝一点，少睡一点！你到外面去瞧瞧，你的肉快要炸开了。我要你去爬到那个洋秤上去过一下磅，看这半个月来又长了多少，你磅过没有？人家有福气的人肥得像猪，一定是先做官再发体，你的将军还没有得到，在你的职务上就预先发起胖来，将来怎么办？”

那勤务兵因为在我面前被王军官开着玩笑，仿佛一个十几岁处女一样，十分腼腆害羞，说道：“我不知为什么总要胖。”

“沈参谋告你每天喝酸醋一碗，你试验过没有？”

那勤务兵说不出话来，低下头去，很有些地方像《西游记》上的猪八戒，在痴呆中见出妩媚。我忍不住要笑了，就拈了一支烟来，他见到时赶忙来刮自来火。我问他，是什么乡下的，今年有了多大岁数？他告我他是高枧的人，搬到城里住，今年还只十五岁。我又问他为什么那么胖，他十分害羞的告我说，是因为家中卖牛肉同酒，小小儿吃肉就发了膘。

王军官告三多可以跟着小兵去玩，我不好意思不让他们去，到后两人就出去了。

我同这个老同学谈了许多很有趣味的话，到后我就说：“营长，你刚才说的你的未来将军请我的未来学士喝酒，我就来做东，只看你欢喜吃什么口味。”

王军官说：“什么都欢喜，只是莫要我拿刀刀叉叉吃盘中的饭，那种罪我受不了。”

第二天我们早约定了要到王军官处去的，因为一去我怕我的“学士”又将为他的“将军”拖去，故告诉他，今天不要出去，就在家中读书。等一会儿一个杜先生同一个孙先生或许还要来。

（这些朋友是以到我处看看小兵为快乐的。）我又告他，若是杜教授来了，他可以接待客人到他小房间里去，同客人玩玩。把话嘱咐过后，我就到大中华饭店找寻王军官去了。晚上我们又一同到一个电影院去消磨了两个钟头，那时已经快要十二点钟了，我很担心一个人留在住处的小兵，或者还等候着我没有睡觉，所以就同王军官分了手，约好明天我送他上车过南京。回来时，我奇怪得很，怎么不见了小兵。

我先以为或者是什么朋友把他带走看戏去了，问二房东有什么朋友来找我，二房东恰恰日里也没有在家，回来时也极晏。

我又问到二房东家的佣人，才知道下午有一个小大块头兵士来邀他出去，他们说的本乡话，她听不懂。出门时还是三点钟以前。我算定这兵士就是王军官处那个勤务兵三多，来邀他玩，他不好推辞，以为这一对年轻人一定是到什么“大世界”热闹场所去玩，所以把回家的时间也忘却了。当时我就很生气，深悔昨天不应该带他到那里去，今天又不该不带他去。

我坐在房中等着，预备他回来时为他开门，一直等过了十二点还毫无消息。我以为不是喝醉了酒，就一定是在外面闯了乱子，不敢回来，住到那将军住处去了。这些事我认为全是那个王军官的副兵勾引的，所以非常讨厌那个小胖子。我想此后可再不同这军官来往了，再玩一天我的学士就会学坏，使我为他所有一切的打算，都将付之泡影。

到十二点后他不回来，我有点疑心，就到他住身的亭子间去，看看是不是留得什么字条，看了一下，却发现了他那个箱子位置有点不同，蹲下去拖出箱子看看，他的军衣都不见了。我忽然明白他是做些什么事了，非常生气，跑回到我自己房中来，检察我的箱子同写字台的抽屉，什么东西都没有动过，一切秩序井然如旧，显然他是独自私逃走去的。我恐怕王军官那边还闹了乱子，拐失了什么东西，赶忙又到大中华饭店去，到时正见王军官生气骂茶房，见我来了才不作声，还以为我是来陪他过夜的，就说：“来的好极了，我那将军这时还不回来，莫非被野鸡捉去了！”

我说：“恐怕他逃了，你赶快清查一下箱子，有些东西失落没有。”

“哪里有这事，他不会逃的。”

“我来告你，我的学士也不在家了！你的将军似乎下午三点钟时候，就到我住处邀他，两人一块儿走了！”

王军官一跳而起，拖出箱子一看，发现日前为太太兑换的金饰同钞票，全在那里，还有那支手枪，也搁在那里，不曾有人动过。他一面搜检其他一个为朋友们代买物件所置的皮箱，一面同我说：“这小土匪，我看不出他会逃走！”看到另外一口箱子也没有什么东西失掉，王军官松了一大口气，向我摇着头说：“不会逃走，

不会逃走，一定是两人看戏散场太晚，恐怕责备不敢回来了。一定是被野鸡拉去了。上海野鸡这样多，我这营长到乡下的威风，来到这生地方被她们一拉也得头昏，何况我那个宝贝。我真为他们担心。”

我摇头否认这种设想：“恐怕不是这样，我那个学士，他把军服也带走了。”

王军官先还笑着，因为他见到自己重要东西没有失掉，所以总以为这两个人是被妓女扣留到那里过夜的，所以还露着羡慕的神气，笑说他的“将军”倒有福气。他听到我说是小兵军服也拿走了，才相信我的话，大声的辱骂着“杂种”，同时就打着哈哈大笑。他向我笑着说：“你六弟说这小子心野得很，得把他带回去，只有他才管得住这小土匪，不至于多事，话有道理。我还没有和你好好的来商量，事情就发生了。我想不到是我那个将军居然也想逃走，你看他那副尊范，居然在那全是板油的肚子里，也包得有一颗野心。他们知道逃走也去不远，将来终有方法可以知道所去的地方，恐怕麻烦，所以不敢偷什么东西。……”说到这里，这军官突然又觉得这事一定另外还有蹊跷了，因为既然是逃走，一个钱不拐去，他们又到什么地方去了呢？

若说别处地方有好事情干，那么两个宝贝又没有枪械，徒手奔走去会做出什么好事情？

他说："这个事我可不明白了！我不相信我那个将军，到另外一个地方去比他原来的生活还好！你瞧他那样子，是不是到别的地方去就可以补上一个大兵的名额？他除了河南人要把戏，可以派他站到帐幕边装傻子收票以外，没有一个去处是他合式的地方！真是奇怪的世界，这种傻瓜还要跳槽！"

我说："我也想过了，我那一位也不应当就这样走去的。我问你，你那将军他是不是欢喜唱戏？他若欢喜唱戏，那一定是被人骗走了。由他们看来，自然是做一个名角也很值得冒一下险。"

王军官摇着头连说："绝对不会，绝对不会。"

我说："既不是去学戏，那真是古怪事情。我们应当赶即写几个航空信到各方面去，南京办事处，汉口办事处，长沙，宜昌，一定只有这几个地方可跑，我们一定可以访得出他们的消息。明天早上我们两人还可到车站上去看看，到轮船上去看看。"

"拉倒了罢，你不知道这些土匪的根基是这样的，你对他再好也无益处。不要理他们算了。这些小土匪，有许多天生是要在各种古怪境遇里长大成人的，有些鱼也是在逆水里浑水里才能长大。我们莫理他，还是好好睡觉罢。"

我这个老同学倒真是一个军人胸襟，这件事发生后，骂了一阵，说了一阵，到后不久依然就躺在沙发上呼呼睡着了。

我是因为告他不能同谁共床，被他勒到一个人在床上睡的。

想到这件事情的突然而至，而为我那个小兵估计到这事不幸的未来，又想到或者这小东西会为人谋杀或饿死，到无人知道的什么隐僻地方，心中轮转着辘轳，听着王军官的鼾声，响四点钟了我才稍稍的合了一下眼。

第二天八点，我们就到车站上去，到各个车上去寻找，看到两路快慢车的开去后，又赶忙走到黄浦江边，向每一只本日开行的轮船上去探询。我们又买了好几份报纸，以为或者可以得到一点线索，结果自然什么也没有得到。

当天晚上十一点钟，那个王军官一个人上车过南京去了，我还送他到车上去。开车后，我出了车站，一个人极其无聊，想走到北四川路一个跳舞场去看看，是不是还可以见到个把熟人。因为我这时回去，一定又睡不着。我实在不愿意到我那住处去，我想明天就要另外搬一个家。我心上这时难受得很，似乎一个男子失恋以后的情形，心中空虚，无所依傍。从老靶子路一个人慢慢儿走到北四川路口，站了一会，见一辆电车从北驶来，心中打算不如就搭个车回去，说不定到了家里，那个小兵还在打盹等候着我回来！可是车已上了，这一路车过海宁路口时，虹口大旅社的街灯光明烛照，引起了我的注意，我临时又觉得不如在这旅馆住一夜，就即刻跳下了车。到虹口大旅社我看了一间小小房间，茶房看见我是单身，以为我或者是来到这里需要一个暗娼作陪的，就来同我搭话，到后见我告他不要什么，只嘱咐他重新上一壶开水就用不着再来时，他看到我抑郁不欢，或许猜我是来此打算自杀的人。

我因为上一晚没有睡好，白天又各处奔走累了一天，当时倒下去就睡着了。

第二天大清早我回到住处，计划搬家的事，那个听差为我开门时，却告我小朋友已经回来了。我听到这个消息，心中说不分明的欢喜，一冲就到三楼房中去，没有见到他。又走过亭子间去，也仍然没有见到。又走到浴间去找寻，也没有人。那个听差跟在我身后上来，预备为我生炉子，他也好像十分诧异，说："又走了吗？"

我还以为他或因为害羞躲在床下，还向床下看过一次。我急急促促的问他："这是怎么回事，他什么时候到这儿来？"

听差说："昨天晚上来的，我还以为他在这里睡。"

我说："他没说什么话吗？"

听差说："他问我你是什么时候出去的。"

"没说别的了吗？"

"他说他饿了，饭还不曾吃，到后吃了一点东西，还是我为他买的。"

"一个人吗？"

“一个人。”

“样子有什么不同吗？”

听差好像不明白我问他这句话的意义，就笑着说：“同平常一样长得好看，东家都说他像一个大少爷。”

我心里乱极了，把听差哄出房门，訇的把门一关，就用手抱着头倒在床上睡了。这事情越来越使我觉得奇怪，我为这迷离不可摸捉的问题，把思想弄成纷乱一团。我真想哭了。

我真想殴打我自己，我又来深深的悔恨自己，为什么昨天晚上没有回来！我又悔恨昨天我们为了找寻这小兵，各处都到过了，为什么不回到自己住处来看看！

使我十分奇怪的，是这小东西为什么拿了衣服逃走又居然回来？若说不是逃走，那这时又到哪里去了呢？难道是这时又跑到大中华去找我们，等一会儿还回来吗？难道是见我不回来，所以又逃走了吗？难道是被那个“将军”所骗，所以逃回来，这时又被逼到逃走了吗？

事情使我极其糊涂，我忽然想到他第二次回来一定有一种隐衷，一定很愿意见见我，所以等着我，到后大约是因为我不回来，这小兵心里害怕，所以又走去了。我想到各处找寻一下，看看是不是留得有什么信件，以及别的线索，把我房中各处皆找到了，全没有发现什么。到后又到他所住的房里去，把他那些书本通通看过，把他房中一切都搜索到了，还是找不出一点证据。

因为昨天我以为这小兵逃走，一定是同王军官那个勤务兵在一处，故找寻时绝不疑心他到我那几个熟人方面去。此时想起他只是一个人回来，我心里又活动了一点，以为或者是他见我不回来，所以大清早走到我那些朋友处找我去了。我不能留在住处等候他，所以就留下了一个字条，并且嘱咐楼下听差，倘若是小兵回来时，叫他莫再出去，我不久就会回来的。我于是从第一个朋友家找到第二个朋友家，每到一处当我说到他失踪时，他们都以为我是在说笑话，又见到我匆匆忙忙的问了就走，相信这是一个事实时，就又拦阻了我，必得我把情形说明，才许我脱身。我见到各处都没有他的消息，又见到朋友们对这事的关心，还没有各处走到，已就心灰意懒明白找寻也是空事了。先前一点点希望，看看又完全失败，走到教小兵数学的教授家去，他的太太还正预备给小朋友一支自来水笔，要 ×× 教授今天下半天送到我住处去，我告他小兵已逃走了，这两夫妇当时惊诧失望的神气，我真永远忘不了。

各处绝望后，我回家时还想或者他会在火炉边等我，或者他会睡在我的床上，见我回来时就醒了。听差为我开门的样子，我就知道最后的希望也完了。我慢慢的走到楼上去，身体非常疲倦，也懒得要听差烧火，就想去睡睡，把被拉开，一个信封掉出来了。

我像得到了救命的绳子一样，抓着那个信封，把它用力撕去一角，上面只写着这样一点点话：“二先生，我让这个信给你回来睡觉时见到。我同三多惹了祸，打死了一个人，三多被人打死在自来水管上。我走了。你莫管我，请你暂时莫同参谋说。你保佑我罢。”

为了我想明白这将军究竟因什么事被人打死在自来水管子上，自来水管又在什么地方，被他们打死的另外一个又是什么人，因此那一个冬天，我成天注意到那些本埠新闻的死亡消息，凡是什么地方发现了一个无名尸首时，我总远远的跑去打听。但是还仍然毫无结果。只有一次听到一个巡警被人打死的消息，算起日子来又完全不对。我还花了些钱，登过一个启事，告诉那个小兵说，不愿意回来，也可以回湖南去，我想来这启事是不是看得到，还不可知，若见到了，他或者还是不会回湖南去的。

这就是我常常同那些不大相熟爱讲故事的人说笑话时，说我有一个故事，真像一个传奇，却不愿意写出这原因！有些人传说我有一个稀奇的恋爱，也就是指这件事而言的。有了这件事以后，我就再也不同我的六弟通信讨论问题了。我真是一个什么小事都不能理解的人，对于性格分析认识，由于你们好意夸奖我的，我都不愿意接受。因为我连一个十三四岁的小孩子，还为他那外表所迷惑，不能了解，怎么还好说懂这样那样。至于一个野蛮的灵魂，装在一个美丽盒子里，在我故乡是不是一件常有的事情，我还不大知道；我所知道的，是那些山同水，使地方草木虫蛇皆非常厉害。我的性格算是最无用的一种型，可是同你们大都市里长大的读书人比较起来，你们已经就觉得我太粗糙了。

1931年5月15日完成

菜园

听柳上晚蝉拖长了声音飞去，或者听溪水声音。溪水绕菜园折向东去，水清见底，常有小虾小鱼，鱼小到除了看玩就无用处……动风时，晚风中混有素馨兰花香茉莉花香。菜园中原有不少花木的，在微风中掠鬓，向天空柳枝空处数点初现的星……

玉家菜园出白菜，因为种子特别，本地任何种菜人所种的都没有那种大卷心。这原因从姓上可以明白，姓玉原本是旗人，菜种是当年从北京带来的。北京白菜素来著名。

辛亥革命以前，来城候补的是玉太爷，单名讳瑁，当年来这小城时带了家眷也带了白菜种籽。大致当时种来也只是为自己吃。谁知太爷一死，不久革命军推翻了清室，清宗室平时在国内势力一时失尽，顿呈衰败景象。各处地方都有流落的旗人，贫穷窘迫，无以为生，玉家却在无意中得白菜救了一家人的灾难。玉家靠卖菜过日子，从此玉家菜园在本县成为人人皆知的地方了。

主人玉太太，年纪五十岁，年青时节应当是美人，所以到老来还可以从余剩风姿想见一二。这太太有一个儿子是白脸长身的好少年，年纪二十一，在家中读过书，认字知礼，还有点世家风范。虽本地新兴绅士阶级，因切齿过去旗人的行为，极看不起旗人，如今又是卖菜佣儿子，很少同这家少主人来往。但这人家的儿子，总仍然有和平常菜贩儿子两样处。

虽在当地得不到人亲近，却依然相当受人尊敬。

玉家菜园园地发展后，母子两双手已不大济事，因此另雇得有人。主人设计每到秋深便令长工在园中挖窖，冬天来雪后白菜全入窖。从此一年四季，城中人都有大白菜吃。菜园廿亩地，除了白菜也还种了不少其他菜蔬，善于经营的主人，使本城人一年任何时节都可得到极新鲜的蔬菜，特别是几种难得的蔬菜。也便因此，收入数目不小，十年来，渐渐成为小康之家了。

仿佛因为种族不同，很少同人往来的玉家母子，由旁人看来，除知道这家人卖菜有钱以外，其余一概茫然。

夏天薄暮，这个有教养又能自食其力的、富于林下风度的中年妇人，穿件白色细麻布旧式衣服，拿把蒲扇，朴素不华的在菜园外小溪边站立纳凉。侍立在身边的是穿白绸短衣裤的年青男子。两人常常沉默着半天不说话，听柳上晚蝉拖长了声音飞去，或者听溪水声音。溪水绕菜园折向东去，水清见底，常有小虾小鱼，鱼小到除了看玩就无用处。那时节，鱼大致也在休息了。

动风时，晚风中混有素馨兰花香茉莉花香。菜园中原有不少花木的，在微风中掠鬓，向天空柳枝空处数点初现的星，做母亲的想着古人的诗歌，可想不起谁曾写下形容晚天如落霞孤鹜一类好诗句，又总觉得有人写过这样恰如其境的好诗，便笑着问那个儿子，是不是能在这样情境中想出两句好诗。

“这景象，古今相同。对它得到一种澈悟，一种启示，应当写出几句好诗的。”

“这话好像古人说过了，记不起这个人。”

“我也这样想。是谢灵运，是王维，不能记得，我真上年纪了。”

“母亲你试作七绝一首，我和。”

“那么，想想罢。”

做母亲的于是当真就想下去，低吟了半天，总像是没有文字能解释当前这一种境界。一面是文字生疏已久，一面是情境相协，所谓超于言语，正如佛法，只能心印默契，不可言传，所以笑了。她说：“这不行，哪里还会做诗？”

稍过，又问：“少琛，你呢？”

男子笑着说，这天气是连说话也觉得可惜的天气，做诗等于糟蹋好风光。听到这样话的母亲莞尔而笑，过了桥，影子消失在白围墙竹林子后不见了。

不过在这样晚凉天气下，母子两人走到菜园去，看工人作瓜架子，督促舀水，谈论到秋来的菜种、萝卜的市价，也是很平常的事。他们有时还到园中去看菜秧，亲自动手挖泥浇水。一切不做作处，较之斗方诗人在瓜棚下坐一点钟便拟赋五言八韵田家乐，偶一出城就称赏独木桥美不可言，虚伪真实，相去真不可以道里计。

冬天时，玉家白菜上了市，全城人都吃玉家白菜。在吃白菜时节，有想到这卖菜人家居情形的，赞美了白菜总同时也就赞美了这人家母子。一切人所知有限，但所知的一点点便仿佛使人极其倾心。这城中也如别的城市一样，城中所住蠢人比聪明人多十来倍，所以竟有那种人，说出非常简陋的话，说是每一株白菜，皆经主人的手抚手摸，所以才能够如此肥茁，这原因是有根有柢的。从这样呆气的话语中，也仍然可以看出城中人如何闪耀着一种对于这家人生活优美的企羡。

做母亲的还善于把白菜制各样干菜，根、叶、心各用不同方法制作成各种不同味道。少年人则对于这一类知识，远不及其对于笔记小说知识丰富。但他一天所做的事，经营菜园的时间却比看书写字时间多。年青人，心地洁白如鸽子毛，需要工作，需要游戏，所以菜园不是使他厌倦的地方。他不能同人锱铢必较的算账，不过单是这缺点，也就使这人变成更可爱的人了。

他不因为认识了字就不作工，也不因为有了钱就增加骄傲。对于本地人凡有过从的，不拘是小贩他也能用平等相待。

他应当属于知识阶级，却并不觉得在作人意义上，自己有特别尊重读书人必要。他自己对人诚实，他所要求于人的也是诚实。他把诚实这一件事看做人生美德，这种品性同趣味却全出之于母亲的陶冶。

日子到了应当使这年青人定婚的时候了，这男子尚无媳妇。本城的风气，已到了大部分男女自相悦爱才好结婚，然而来到玉家菜园的仍有不少老媒人。这些媒人完全因为一种职业的善心，成天各处走动，只愿意事情成就，自己从中得一点点钱财谢礼。因太想成全他人，说谎自然也就成为才艺之一种。眼见用了各样谎话都等于白费以后，这些媒人才死了心，不再上玉家菜园。

然而因为媒人的撺掇，以及另一因缘，认识过玉家青年人，愿意作玉家媳妇私心窃许的，本城女人却很多很多。

二十二岁的生日，作母亲的为儿子备了一桌特别酒席，到晚来两人对坐饮酒。窗外就是菜园，时正十二月，大雪刚过，园中一片白。已经摘下还未落窖的白菜，全成堆的在园中，白雪盖满，正像一座座大坟。还有尚未收取的菜，如小雪人，成队成排站立雪中。母子二人喝了一些酒，谈论到今年大雪同菜蔬，萝卜白菜皆须大雪始能将味道转浓，把窗推开了。

窗开以后，园中一切都收入眼底。

天色将暮，园中静静地。雪已不落了，也没有风。上半日在菜畦觅食的黑老鸹，不知到什么地方去了。母亲说："今年这雪真好！"

"今年刚十二月初，这雪不知还有多少次落呢。"

"这样雪落下人不冷，到这里算是希奇事。北京这样一点点雪可就太平常了。”

“北京听说完全不同了。”

“这地方近十年也变得好厉害！”

这样说话的母亲，想起二十年来在本地方住下的经过人事变迁，她于是喝了一口酒。

“你今天满二十二岁，太爷过世十八年，民国反正十五年，不单是天下变得不同，就是我们家中，也变得真可怕。我今年五十，人也老了。总算把你教养成人，玉家不至于绝了香火。你爹若在世，就太好了。”

在儿子印象中只记得父亲是一个手持“京八寸”人物。那时吸纸烟真有格，到如今，连做工的人也买美丽牌，不用火镰同烟杆了。这一段长长的日子中，母亲的辛苦从家中任何一事皆可知其一二。如今儿子也教养成人了，二十二岁，命好应有了孙子。听说“母亲也老了”这类话的少琛，不知如何，忽想起一件心事来了。他蓄了许久的意思今天才有机会说出。他说他想过北京。

北京方面他有一个舅父，宣统未出宫以前，还在宫中做小管事，如今听说在旂章胡同开铺子，卖冰，卖西洋点心，生意不恶。

听说儿子要到北京去，作母亲的似乎稍稍吃了一惊。这惊讶是儿子料得到的，正因为不愿意使母亲惊讶，所以直到最近才说出来。然而她也挂念着那胞兄的。

“你去看看你三舅，还是做别的事？”

“我想读点书。”

“我们这人家还读什么书？世界天天变，我真怕。”

“那我们俩去！”

“这里放得下吗？”

“我去三个月又回来，也说不定。”

“要去，三年五年也去了。我不妨碍你。你希望走走就走走，只是书，不读也不什么要紧。做人不一定要多少书本知识。像我们这种人，知识多，也是灾难！”

这妇人这样慨乎其言的说后，就要儿子喝一杯，问他预备过年再去还是到北京过年。

儿子说赶考试，还是年前走好，且趁路上清静，也极难得。

虽然母亲同意远行，却认为不必那么忙，因此到后仍然决定正月十五以后再离开母亲身边。把话说过，回到今天雪上来了，母亲记起忘了的一桩事情，她要他送一坛酒给做工人，因为今天不是平常的日子。

不久过年了。

过了年，随着不久就到了少琛动身日子了。信早已写给北京的舅父，于是坐了省河小轿，到长沙市坐车，转武汉，再换火车，到了北京。

时间过了三年。

在这三年中，玉家菜园还是玉家菜园。但渐渐的，城中便知道玉家少主人在北京大学读书，极其出名的事了。其中经过自然一言难尽，琐碎到不能记述。然而在本城，玉家白菜还是十分出色。在家中一方面稍稍不同了的，是作儿子的常常寄报纸回来，寄新书回来，作母亲的一面仍然管理菜园的事务，兼喂养一群白色母鸡。自己每天无事时，便抓玉米喂鸡，与鸡雏玩，一面读从北京所寄来的书报杂志。母亲虽然五十多岁，一切书报扇起二十岁年青学生的种种，母亲有时也不免有些幻梦。

地方一切新的变故甚多，随同革命，北伐……于是许多青壮年死到野外。在这过程中也成长了一些志士英烈，也出现一批新官旧官……于是地方的党部工会成立了……于是“马日事变”年青人杀死了，工会解散，党部换了人……于是北京改成了北平。

地方改了北平，北方已平定，仿佛真命天子出世，天下快太平了。在北平的儿子，还是常常有信来，寄书报则稍稍少了一点。

在本城的母亲，每月寄六十块钱去，同时写信总在告给身体保重以外顺便问问有不有那种合意的女子可以订婚。母亲年纪渐老，自然对于这些事也更见其关心。三年来的母亲，还是同样的不失林下风度。因儿子的缘故，多知了许多时事，然而一切外形，属于美德的，没有一种失去。且因一种方便，两个工人得到主人的帮助，都接亲了。母亲把这类事告给儿子时，儿子来信说这样作很对。

儿子也来过信，说是母亲不妨到北平看看，把菜园交给工人。虽说菜园的事也不一定放不下手，但不知如何，这老年人总不曾打量过北行的事。

当这母亲接到了儿子的一封信，说本学期终了可以回家来住一月时，欢喜极了。来信还只是四月，从四月起作母的就在家中为儿子准备一切。凡是这老年人想到可以使儿子愉快的事通通计划到了。一到了七月，就成天盼望远行人的归来。又派人往较远的长沙市去接他，又花了不少钱为他添办了一些东西，如迎新娘子那么期待儿子的归来。

儿子如期回来了。更出于意外叫人惊喜的，是同时还真有一个新媳妇回来。这事情直到进了家门母亲才知道，一面还在心中作小小埋怨，一面把“新客”让到自己的住房中去，作母亲的似乎人年青了十岁。

见到脸目略显憔悴的儿子，把新媳妇指点给两对工人夫妇，说“这是我们的朋友”时，母亲欢喜得话说不出。

儿子回家的消息不久就传遍了本城，美丽的媳妇不久也就为本城人全知道了。因为地方小，从北京方面回来的人不多，虽然绅士们的过从仍然缺少，但渐渐有绅士们的儿子到玉家菜园中的事了。还有本地教育局，在一次集会中，也把这家从北平回来的男子与媳妇请去开会了。还有那种对未来有所倾心的年青人，从别的事情上知道了玉家儿子的姓名，因为一种倾慕，特邀集了三五同好来奉访了。

从母亲方面看来，儿子的外表还完全如未出门以前，儿子已慢慢是个把生活插到社会中去的人了。许多事皆仿佛天真烂漫，凡是一切往日的好处完全还保留在身上，所有新获得的知识，却融入了生活里，找不出所谓迹。媳妇则除了像是过分美丽不适宜于做媳妇值得忧心以外，简直没有疵点可寻。

时间仍然是热天，在门外溪边小立，听水听蝉，或在瓜棚豆畦间谈话，看天上晚霞，五年前母子两人过的日子如今多了一人。这一家仍然仿佛与一地方人是两种世界，生活中多与本城人发生一点关系，不过是徒增注意及这一家情形的人谈论到时一点企羡而已。

因为媳妇特别爱菊花，今年回家，拟定看过菊花，方过北平，所以作母亲的特别令工人留出一块地种菊花，各处寻觅佳种，督工人整理菊秧，母子们自己也动动手。已近八月的一天，吃过了饭，母子们同在园中看菊苗，儿子穿一件短衣，把袖子卷到肘弯以上，用手代铲，两手全是泥。

母亲见一对年青人，在菊圃边料理菊花，便作着一种无害于事极其合理的祖母的幻梦。

一面同母亲说北平栽培菊花的，如何使用他种蒿草干本接枝，开花如斗的事情，一面便同蹲在面前美丽到任何时见及皆不免出惊的夫人用目光作无言的爱抚。忽然县里有人来说，有点事情，请两个年青人去谈一谈。来人连洗手的暇裕也没有留给主人，把一对年青人就“请”去了。从此一去，便不再回家了。

做母亲的当时纵稍稍吃惊，也仍然没有想到此后事情。

第二天，作母亲的已病倒在床，原来儿子同媳妇，已与三个因其他原故而得着同样灾难的青年人，陈尸到教场的一隅了。

第三天，由一些粗手脚汉子为把那五个尸身一起抬到郊外荒地，抛在业已在早一天掘就因夜雨积有泥水的大坑里，胡乱加上一点土，略不回顾的扛了绳杠到衙门去领赏，尽其慢慢腐烂去了。

做母亲的为这种意外不幸晕去数次，却并没有死去。儿子虽如此死了，办理善后，罚款，具结，她还有许多事得做。

三天后大街上贴了告示，才使她同本城人同时知道儿子原来是共产党。仿佛还亏得衙门中人因为想到要白菜吃，才把老的留下来，也没有把菜园产业全部充公。这样打量着而苦笑的老年人，不应当就死去，还得经营菜园才行。她于是仍然卖菜，活下来了。

秋天来时菊花开遍了一地。

主人对花无语，无可记述。

玉家菜园或者终有一天会改作玉家花园，因为园中菊花多而且好，有地方绅士和新贵强借作宴客的地方了。

骤然憔悴如七十岁的女主人，每天坐在园里空坪中喂鸡，一面回想一些无用处的旧事。

玉家菜园从此简直成了玉家花园。内战不兴，天下太平，到秋天来地方有势力的绅士在园中宴客，吃的是园中所出产的蔬菜，喝着好酒，同赏菊花。因为赏菊，大家在兴头中必赋诗，有祝主人有功国家，多福多寿，比之于古人某某典雅切题的好诗，有把本园主人写作卖菜媪对于旧事加以感叹的好诗，地方绅士有一种习惯，多会做点诗，自以为好的必题壁，或花钱找石匠来镌石，预备嵌墙中作纪念。名士伟人，相聚一堂，人人尽欢而散，扶醉归去。各人回到家中，一定还有机会作与五柳先生猜拳照杯的梦。

玉家菜园改称玉家花园，是主人在儿子死去三年后的事。

这妇人沉默寂寞的活了三年，到儿子生日那一天，天落大雪，想这样活下去日子已够了，春天同秋天不用再来了，把一点剩余家产全部分派给几个工人，忽然用一根丝绦套在颈子上，便缢死了。

1929年夏作

灯

到了夜里，望到那清莹透明的灯罩，以及从那里放散的薄明微黄的灯光，面前又站得是那古典风度的军人，总使我常常记起那些驻有一营人马的古庙，同小乡村的旅店，发生许多幻想。我是曾和那些东西太相熟……

因为有一个穿青衣服的女人，常到住处来，见到桌上的一个旧式煤油灯，擦得非常清洁，想知道这灯被主人重视的理由，屋主人就告给这青衣女人关于这个灯的故事。

两年前我就住到这里，在 ×× 教了一点书，仍然是这样两间小房子，前面办事后面睡觉，一个人住下来。那时正是五月间，不知为什么，住处的灯总非常容易失职。一到了晚间，或者刚刚把饭碗筷子摆上桌子，认清楚了菜蔬，灯忽然一熄，晚饭就吃不成了。有时是饭后正预备开始做一点事或看看书的时节，有时是有客人拿了什么问题同我来讨论的时节，就像有意捣乱那种神气，灯会忽然熄灭了。

这事情发生几几乎有半个月。有人责问过电灯公司，公司方面的答复，放到当地报纸上登载出来，情形仿佛完全由于天气，并不是公司的过失。所以小换钱铺子的洋烛，每包便忽然比上月贵了五个铜子。洋烛涨价这件事，是从照料我饮食的厨子方面知道的。这当家人对于上海商人故意居奇的行为，每到晚上为我把饭菜拿来，唯恐电灯熄灭，在预先就点上一枝烛的情形下，总要同我说一次。

我的厨子是个非常忠诚的中年人。年纪很青的时节，就随同我的父亲到过西北东北，去过蒙古，上过四川。他一个人又走过云南广西，在家乡，又看守过我祖父的坟墓，很有些年月。上年随了北伐军队过山东，在济南眼见日本军队对于平民所施的暴行，那时他在七十一团一个连上作司务长，一个晚上被机关枪的威胁，胡胡涂涂走出了团部，把一切东西全损失了。人既空手回到南京，听熟人说我在这里住，就写了信来，说是愿意来侍候我。我回信告给他来玩玩很好，要找事做恐怕不行，我生活也非常简单。来玩玩，住些日子，想要回乡时，我或者能够设点法，买个车票。只是莫希望太大。

到后人当真就来了。初次见到，一身灰色中山布军服，衣服又小又旧，好像还是三年前国民革命军初过湖南时节缝就的。

一个巍然峨然的身体，就拘束到这军服中间，另外随身的就只一个小小包袱，一个热水瓶，一把牙刷，一双黄杨木筷子。

热水瓶像千里镜那么佩到身边，牙刷是放在衣袋里，筷子仿照军营中老规矩插在包袱外面，所以我能够一望而知。这真是我日夜做梦的伙计！这个人，一切都使我满意，一切外表以及隐藏在这样外表下的一颗单纯优良的心，我不必和他说话也就全部都清楚了。

既来到了我这里，我们要谈的话可多了。从我祖父谈起，一直到我父亲同他说过的还未出世的孙子，他都想在一个时节里和我说到。他对于我家里的事永远不至于说厌，对于他自己的经历又永远不会说完。实在太动人了。请想想，一个差不多用脚走过半个中国的五十岁的人，看过庚子的变乱，看过辛亥革命，参加过革命北伐许多重要战争，跋涉过多少山水，吃过多少不同的饭，睡过多少异样的床，简直是一部永远翻看不完的名著！我的嗜好即刻就很深很深的染上了。只要一有空闲，我即刻就问他这样那样，只要问到，我得到的都是些十分动人的回答。

因为平常时节我的饮食是委托了房东娘姨包办的，十六块钱一个月，每天两顿，菜蔬总是任凭这江北妇人意思安排。

这妇人看透了我的性格，知道我对于饮食不大苛刻，今天一碟大蚕豆，明天一碟小青蚶，到后天又是一碟蚕豆。总而言之，蚕豆同青蚶是少不了的好菜。另外则吃肉时无论如何总不至于忘记加一点儿糖，吃鱼多不用油煎，只放到饭上蒸蒸，就拿来加点酱油摆到桌子上。本来像做客的他，吃过两天空饭，到第三天实在看不惯，问我要了点钱。从我手上拿了十块钱后，先是不告我这钱的用处。到下午，把一切吃饭用的东西通统买来了。这事在先我一点不知道，一直到应当吃晚饭时节，这老兵，仍然是老兵打扮，恭恭敬敬的把所有由自己两手做成的饭菜，放到我那做事桌上来，笑眯眯的说这是自己试做的，而且声明以后也将这样做下去。从那人的风味上，从那菜饭的风味上，都使我对于军营生活生出一种眷念，就一面吃饭一面同他谈部队上事情。把饭吃过后，这司务长收拾了碗筷，回到灶房去。过不多久，我正坐在桌边凭借一支烛光看改从学校方面携回的卷子，忽然门一开，这老兵闪进来了，像本来原知道这不是军营，但因为电灯熄灭，房中代替的是烛光，坐在桌边的我，还不缺少一个连长的风度。这人恢复了童心，对我取了军中上士的规矩，喊了一声“报告”，站在门边不动。“什么事情？”听我问他了，才走近我身边来，呈上一个单子，写了一篇日用账。原来这人是同我来算火食账的！我当时几几乎要生气骂他，可是望到这人的脸，想起司务长的职务，却只有笑了。“怎么这样同我麻烦？”“我要弄明白好一点。我要你知道，自己做，我们两个人每月都用不到十六块钱。别人每天把你蚌壳吃，每天是过夜的饭，你还送十六块！”“这样你不是太累了吗？”“累！煮饭做菜难道是下河抬石头？你真是少爷！”望到这好人的脸，我无话可说了。我不答应是不行的。所以到后做饭做菜就派归这个老兵。

这老兵，到这都会上来，因为衣服太不相称，我预备为他缝一点衣，问他欢喜要什么样子，他总不做声。有一次，知道我得了一笔稿费，才问我要了二十块钱。到晚上，不知从什么地方买了两套呢布中山服，一双旧皮靴，还有刺马轮，把我看时非常满意。我说："你到这地方何必穿这个？你不是现役军官，也正像我一样，穿长还方便些。""我永远是军人。"

我有一个军官厨子，这句话的来源是这样发生的。

电灯的熄灭，在先还只少许时间，一会儿就恢复了光明；到后来越加不成样子，所以每次吃饭都少不了一支烛。于是这老兵，不知从什么地方又买来了一个旧灯，擦得罩子非常清洁，把灯头剪成圆形，放到我桌子上来了。我明白了他的脾气，也不大好意思说上海用灯是愚蠢事情。电灯既然不大称职，有这个灯也真给了我不少方便。因为不愿意受那电灯时明时灭的作弄，索性把这灯放在桌上，到了夜里，望到那清莹透明的灯罩，以及从那里放散的薄明微黄的灯光，面前又站得是那古典风度的军人，总使我常常记起那些驻有一营人马的古庙，同小乡村的旅店，发生许多幻想。我是曾和那些东西太相熟，因为都市生活的缠缚，又太和那些世界离远了。我到了这些时候，不能不对于目下的生活，感到一点烦躁。这是什么生活呢？一天爬上讲台去，那么庄严，那么不儿戏，也同时是那么虚伪，站在那小四方讲台上，谈这个那个，说一些废话谎话，这本书上如此说，那本书上又如此说，说了一阵，自己仿佛受了催眠，渐渐觉得已把问题引到严重方面去，待听到下面什么声音一响，才憬然有所觉悟，再注意一下学生，才明白原来有几个快要在本学期终了就戴方帽儿的某君，已经伏在桌上打盹，这一来，头绪完全为这现象把它纷乱了。到了教员休息室里，一些有教养的绅士们，一得到机会，就是一句聪明询问："天气好，又有小说材料！"在他们自己，或者还非常得意，以为这是一种保持教授身分的雅谑，但是听到这些话，望望那些扁平的脸嘴，觉得同这些吃肉睡觉打哈哈的人物不能有所争持，只得认了输，一句话不说，走到外面长廊下去晒太阳。到了外面，又是一些学生，取包围声势走拢来，谈天气，谈这个那个。似乎我因为教了点文学课，就必得负一种义务，随时来报告作家们的轶事，文坛消息。他们似乎就听点这些空话，就算了解文学了。从学校返回家里，坐到满是稿件和新书新杂志的桌前，很努力的把桌面匀出一点空间，放下从学校带回的一束文章，一行一行的来过目。第一篇，五个"心灵儿为爱所碎"，第二篇有了七个，第三篇是革命的了，有泪有血，仍然不缺少"爱"。把一堆文章看过一小部分，看看天气有夜下来的样子。弄堂对过王寡妇家中三个年青女儿，到时候照例把话匣子一开，意大利情歌一唱，我忽然感到小小冤屈，什么事也不能做了。觉得自己究竟还是从农村培养长大的人，现在所处的世界，仍然不是自己所习惯的世界。都会生活的厌倦，生存的厌倦，愿意同这世界一切好处离开，愿意再去做十四吊钱的屠税收捐员，坐到团防局，听为雨水汇成小潭的院中青蛙叫嚷，用夺金标笔写索靖《出师颂》同钟繇《宣示表》了。但是当我对到这煤油灯，当我在煤油灯不安定的光度下，望到那安详的和平的老兵的脸，望到那古典的家乡风味的略显弯曲的上身，我忘记了白日的辛苦，忘记了当前的混乱，转成为对于这个人的种种发生极大兴味了。

“怎么样？是不是懂得军歌呢？”我这样问他，同他开一点小小玩笑。

他就说：“怎么军人不懂军歌？我不懂洋歌。”

“不懂也很好。山歌懂不懂？”

“那看什么山歌。”

“难道山歌有两样山歌吗？‘天上起云云重云’，‘天上起云云起花’[①]，全是好山歌，我小时不明白。后来在游击支队司令杨处做小兵，生活太放肆了，每天吃我们说过的那种狗肉，唱我们现在说的这种山歌，真是小神仙。”

“杨嘛，一群专门欺压老百姓的土匪，什么小神仙！我们可不好意思唱那种山歌。一个正派革命军人，这样撒野，算是犯罪。”

---

① 这是两首凤凰山歌的第一句。

“那我简直是罪恶滔天了。可是我很挂念家乡那些年青小伙子，新从父母身边盘养大，不知这时节在这样好天气下，还会不会唱这种好听的山歌？”

“什么督办省长一来，好的都完了！好人同好风俗，都被一个不认识的运气带走了。就像这个灯，我上年同老爷到乡下去住，就全是用这样的灯。只有走路时还用粑粑灯。”

老兵在这些事情上，因为清油灯的消灭，有了使我们常常见到的乡绅一般的感慨了。

我们这样谈着，凭了这诱人的空气，诱人的声音，我正迷醉到一个古旧的世界里，非常感动。可是这老兵，总是听到外面楼廊房东主人的钟响了九下，即或是大声的叱他，要他坐到椅子上，把话继续谈下去也不行。一到了时候，很关心的看了看我的卧室，很有礼貌的行了个房中的军人礼，用着极其动人的神气，站在那椅子边告了辞，就走下楼到亭子间睡去了。这是为什么？他怕耽搁我的事情，恐我睡得太迟，所以明明白白有许多话他很欢喜谈，也必得留到第二天来继续。谈闲话总不过九点，竟是这个老兵的军法，一点不能通融。所以每当到他走去后，我常觉得有一些新的寂寞在心上一角，做事总不大能够安定。

因为当着我面前，这个老兵以他五十年吓人丰富的生活经验，消化入他的脑中，同我谈及一切，平常时节，对于用农村社会来写成的短篇小说，是我永远不缺少兴味的工作；但如今想要写一个短篇的短篇，也像是不好下笔了。我有什么方法可以把这个人的纯朴优美的灵魂，来安排到这纸上？望到这人的颜色，听到这人的声音，我感到我过去另外一时所写作的人生的平凡。我实在懂得太少了。单是那眼睛，带一点儿忧愁，同时或不缺少对于未来作一种极信托的乐观，看人时总像有什么言语要从那无睫毛的微褐的眼眶内流出，望着他一句话不说，或者是我们正谈到那些家乡战争，那些把好人家房子一把火烧掉，牵了农人母牛奏凯回营的战事，这老兵忽然想起了什么，不再说话了。我猜想他是要说一些话的，但言语在这老兵头脑中，好像不大够用，一到这些事情上，他便哑口了。他只望着我。或者他也能够明白我对于他的同意，所以后来他总是很温柔的也很妩媚的一笑，把头点点，就转移了一个方向，唱了一个四句头的山歌。他哪里料得到我在这些情形下所感到的动摇！我望着这老兵每个动作，就觉得看到了中国那些多数陌生朋友。他们是那么纯厚，同时又是那么正直。好像是把那最东方的古民族和平灵魂，为时代所带走，安置到这毫不相称的战乱世界里来，那种忧郁，那种拘束，把生活妥协到新的天地中，所做的梦，却永远是另一个天地的光与色，对于他，我简直要哭了。

有时，就因为这些感觉扰乱了我，我不免生了小小的气，似乎带了点埋怨神气，要他出去玩玩，不必尽呆在我房中。他就像一尾鱼那么悄悄的溜出去，一句话不说。看到那样子，我又有点不安，就问他，“是不是想看戏？”恐怕他没有钱了，就送了他两块钱，说明白这是可以拿去随意花到大世界或者什么舞台之类地方的。他仍然望了我一下，很不自然的做了一个笑样子，把钱拿到手上，走下楼去了。我晚上做事，常到十二点才上床，先是听到这老兵开了门出去，大约有十点多样子，又转来了。我以为若不是看过戏，一定也是喝了一点酒，或者照例在可以作赌博的事情上玩了一会，把钱用掉回来了，也就不去过问。谁知第二天，午饭就有了一钵清蒸母鸡上了桌子。对于这鸡的来源，我不敢询问。我们就相互交换了一个微笑。在这当儿我又从那褐色眼睛里看到流动了那种说不分明的言语。我只能说“大叔，你应当喝一杯，你不是很能够喝么？”“已经买得了。这里的酒是火酒，亏我找了好多铺子，在虹口才找到了一家乡亲，得来那么一点点米酒。”

仿佛先是不好意思劝我喝，听我说起酒，于是忙匆匆的走下楼去，把那个酒瓶拿来，用小杯子倒了半杯白酒，“你喝一点点，莫多吃。”本来不能喝酒不想喝酒的我，也不好意思拒绝这件事了。把酒喝下，接过了杯子，他自己又倒了小半杯，向口中一灌，抿抿嘴，对我笑了一会儿，一句话不说，又拿着瓶子下楼去了。第二天还是鸡，因为上海的鸡只须要一块钱一只。

学校的事这老兵士像是漠不关心的。他问我那些大学生将来做些什么事，是不是每人都去做县长。他又问我学校每月应当送我多少钱，这薪水是不是像军队请饷一样，一起了战争就受影响。他是另有用意的。他想知道学生是不是都去做县长，因为要明白我有多少门生是将来的知事老爷。他问欠薪不欠薪，因为要明白我究竟钱够不够用。他最关心的是我的生活。这好人，越来越不守本分，对于我的生活，先还是事事赞同，到后来，好像找出了许多责任，不拘是我愿不愿意，只要有机会，总就要谈到了。即或不像一些不懂事故的长辈那种偏见的批评，但对于那些问题，他的笑，他的无言语的轻轻叹息，都代表了他的态度，使我感受不安。我当然不好生他的气，我既不能把他踢下楼梯去，也不好意思骂他。他实在又并不加上多少意见，对于我的生活，他就只是反抗，就只是否认。对于我这样年龄，还不打量找寻一个太太，他比任何人皆感觉到不平。在先我只装做不懂他的意思，尽他去自言自语，每天只同他去讨论军中生活，以及各地各不相同的风俗习惯。到后他简直有点麻烦人了。并且那麻烦，又永远使人感到他是忠诚的。所以我只得告他，我是对于这件事实在毫无办法，因为做绅士的方便，我得不到，做学生的方便，我也得不到，目下不能注意这些空事情。我还以为同他这样明白一说，自然就凡事谅解，此后就再也不会受他的批评了。谁知因此一来更糟了。

他仿佛把责任完全放在他自己身上去，从此对于和我来往的女人，都被他所注意了。每一个来我住处的女人，或者是朋友，或者是学生，在客人谈话中间，不待我的呼唤，总忽然见到他买了一些水果，把一个盘子装来，非常恭敬的送上，到后就站到门外楼梯口来听我们谈话。待我送客人下楼时，常常又见他故意装成在梯边找寻什么东西神情，目送客人出门。客人走去后，又装成无意思的样子，从我口中探寻这女人一切，且窥探我的意思。他并且不忘记对这客人的风度言语加以一种批评，常常引用他所知道的《麻衣相法》，论及什么女人多子，什么女人聪明贤惠，若不是看出我的厌烦，决不轻易把问题移开。他虽然这样关心这件事情，暗示了我什么女人多福，什么女人多寿，但他总还以为他用的计策非常高明。他以为这些关心是永远不会为我明白的。他并不是不懂得到他的地位。这些事在先我实在也是不曾注意到，不过稍稍长久一点，我可就看出这好管闲事的人，是如何把同我来往的女人加以分析了。对于这种行为，我既不能恨他，又不能向他解释，又不能同他好好商量，只有少同他谈到这些事情为好。

这老兵，在那单纯的正直的脑中，还不知为我设了多少法，出了多少主意，尽了帮助我得到一个女人的多少设计义务！他那欲望隐藏到心上，以为我完全不了解，其实我什么都懂。他不单是盼望他可以有一个机会，把他那从市上买来的呢布军服穿得整整齐齐，站到亚东饭店门前去为我结婚日子作“迎宾主事”，还非常愿意穿了军服，把我的小孩子，打扮得像一个将军的儿子，抱到公园中去玩！他在我身上，一定还做得最夸张的梦，梦到我带了妻儿，光荣，金钱，回转乡下去，他骑了一匹马最先进城。对于那些来迎接我的同乡亲戚朋友们，如何询问他，他又如何飞马的走去，一直跑到家里，禀告老太太，让一个小县城的人如何惊讶到这一次荣归！他这些好梦，四十余年前放到我的父亲身上，失败了，到后又放到我的哥哥兄弟身上，又失败了，如今是只有我可以安置他这可怜希望了。他那对于我们父兄如何从衰颓家声中爬起，恢复原来壮观的希望，在父亲方面受了非常的打击。父亲是回家了，眼看到那老主人，从西北，从外蒙带了因与马贼作战的腰痛，带了沙漠的荒凉，带了因频年争斗的衰老，回到家乡去作他那默默无闻的上校军医证了。他又看到哥哥从东北，从那些军队生活中，得到奉天省人的粗豪，与黑龙江人的勇迈坚忍，从流浪中，得到了上海都市生活的嚣杂兴味，也转到家乡作画师去了。还有我的弟弟，这老兵认为同志却尚无机会见到的弟弟，从广东学校毕业后，用起码下级军官的名分，随军打岳州，打武昌，打南昌，打龙潭，在革命斗争血涡里转来转去，侥幸中的安全，引起了对生存深深的感喟，带了喊呼，奔突，死亡，腐烂，一时代人类活动兴奋高潮各种印象，也寂寞的回到家乡，在那参军闲散职分上过着休息的日子了。他如今只认为我这无用人，可以寄托他那最无私心最诚恳的希望。他以为我做的事比父兄们的都可以把它更夸张的排列到故乡人眼下，给那些人一些歆羡，一些惊讶，一些永远不会忘却的豪华光荣。

我在这样一个人面前，感到忧郁，也十分感到羞惭。因为那仿佛由自己脑中成立的海市蜃楼，而又在这奇幻景致中对于海市中人物的我的生活加以纯然天真的信仰，我不好意思把这老兵的梦戳破，也好像缺少那戳破这梦的权力了。

可是我将怎么来同这老兵安安静静生活下去？我做的事太同我这老家人的梦离远了。我简直怕见他了。我只告他，现在做点文章教点书，社会上对我如何好；在他那方面，又总是常常看到体面的有身分朋友同我来往，还有那更体面的精致如酥如奶作成的年青女人到我住处来，他知道许多关于我表面的生活，这些情形就坚固了他的好梦。他极力在那里忍耐，保持着他做仆人的身分，但越节制到自己，也就越容易对于我的孤单感到同情。这另一个世界长大的人，虽然有了五十多岁，完全不知道我们的世界是与他的世界两样。他没有料得到来我处的人，同我生活的距离是多远。他没有知道我写一个短篇小说，得费去多少精力。他没有知道我如何与女人疏隔，与生活幸福离开。他像许多人那样，看到了我的外表，他称赞我，也如一般人所加的赞美一样。以为我聪明，待人很好，以为我不应当太不讲究生活，疏忽了一身的康健。

这个人，他还同意我的气概，以为这只是一个从军籍中出身才有的好气概！凡是这些他是在另一时用口用眼睛用行动都表示到了的。许多时候当在这个人面前时节，我觉得无一句话可说，若是必须要做些什么事，最相宜的，倒真是痛痛的打他一顿为好。

那时到我处来往次数最多的，是一个穿蓝衣服的女孩子，好像一年四季这人都是穿蓝颜色，也只有蓝色同这女人相称。

这是我一个最熟的人，每次来总有很多话说，一则因为这女子是一个 ×× 分子，一则是这人常常拿了宣传文章来我处商量。因为这女人把我当成一个最可靠的朋友，我也无事不与她说到。我的老管家私下里注意了这女人许多日子，他看准了这个人一切同我相合。他一切同意。就因为一切同意，比一个做母亲的还细腻，每次当到这客人来到时，他总故意逗留在我房中，意思很愿意我向女人提到他。介绍一下。他又常常采用了那种学来的官家派头，在我面前问女人这样那样。

我不好对于他这种兴味加以阻碍，自然同女人谈到他的生活，谈到他为人的正直，以及生活经验的丰富等等事情。渐渐的，时间一长，女人对于他自然也发生一种友谊了。可是这样一来，当他同我两个人在一块时，这老兵，这行伍中风霜冰雪死亡饥饿打就的结实的心，到我婚姻问题上，完全柔软如蜡了。他觉得我若是不打量同那蓝衣女人同住，简直就是一种罪过。他把这些意见带着了责备样子，很庄严的来同我讨论。

这老兵先是还不大好意思同女人谈话，女人问到这样那样，想请他学故事那么把生活经验告给她听时，这老兵，总还用着略略拘束的神气，又似乎有点害羞，非常矜持的来同女人谈话。到后因为一熟习，竟同女人谈到我的生活来了！他要女人劝我做一个人，劝我少做点事，劝我稍稍顾全一点穿衣吃饭的绅士风度，劝我……虽然这些话谈及时，总是当我的面，却又取了一种在他以为是最好的体裁来提及的。他说的只是我家里父亲以前怎么样讲究排场，我弟兄又如何亲爱，为乡下人所敬重，母亲又如何贤慧温和。他实在正用了一种最笨的手段，暗示到女人应当明白做这人家的媳妇是如何相宜合算。提到这些时，因为那稍稍近于夸张处，这老兵虑及我的不高兴，一面谈说总是一面对我笑着，好像不许我开口。

把话说完，看看女人，仿佛看清楚了女人已经为他一番话所动摇，把责任已尽，这人就非常满意，同我飞了一个眼风，奏凯似的橐橐走下楼预备点心水果去了。

他见我写信回到乡下去，总要问我，是不是告给了老太太有一个非常……的女人。他意思是非常“要好”非常“相称”这一类形容词。当发现我毛眉一皱，这老兵，就“肂、肂”的低低喊着，带着“这是笑话，也是好意，不要见怪”的要求神气，赶忙站远了一点，占据到屋角一隅去，好像怕我会要生气，当真动手攫了墨水瓶抛掷到他头上去。

然而另外任何时节，他是不会忘记谈到那蓝衣女子的。

在这些事上我有什么办法？我既然不能像我的弟弟那样，处置多嘴的副兵用马粪填口，又不能像我的父亲，用废话去支使他走路。我一见了这老兵就只有苦笑，听他谈到他自己生活同谈到我的希望，都完全是这个样子。这人并不是可以请求就能缄默的。就是口哑了，但那一举一动，他总不忘记使你看出他是在用一副善良的心为你打算一切。他不缺少一个戏子的天才，他的技巧，使我见到只有感动。

有一天，那个穿蓝衣的女人又来到我的住处，第一次我不在家，老兵同女人说了许多话。（从后来他的神气上，我知道他在和女人谈话时节，一定是用了一个对主人的恭敬而又亲切的态度应答着的。）因为恐怕我不能即刻回家，就走了。

我回来时，老兵正同我讨论到女人，女人又来了。那时因为还没有吃晚饭，这老兵听说要招待这个女客了，显然十分高兴，走下楼去。到吃饭时，菜蔬排列到桌上，却有料想不到的丰盛。不知从什么地方学得了规矩，知道了女客不吃辣子，平素最欢喜用辣子的煎鱼，也做成甜醋的味道排上桌子了。

把饭吃过，这老兵不待呼唤，又去把苹果拿来，把茶杯倒满了，从酒精炉子烧好的开水，一切布置妥贴了，趑趄了好一会才走出去。他到楼下喝酒去了。他觉得非常快乐。他的梦展开在他眼前，一个主人，一个主妇，在酒杯中，他一定还看到他的小主人，穿了陆军制服，像在马路上所常常见到的小洋人，走路挺直，小小的皮靴套在白嫩的脚上，在他前面忙走。他就用一个军官的姿势，很有身分很尊贵的在后面慢慢跟着。他因为我这个客人的来临，把梦肆无忌惮的做下去了。可是，真可怜，来此的朋友，是告我她的爱人 W 君的情形，他们在下个月过北平去，他们将在北平结婚。无意中，这结婚两字，又为那尖耳朵老战马断章取义的听去，他自以为一切事果不出其所料，他相信这预兆，也非常相信这未来的事情。到女人走去，我正伏到桌子旁边，为这朋友的好消息感到喜悦，也感到一点应有的惆怅时节，喝了稍稍过量的酒的好人，一个红红的脸在我面前晃动了。

“大叔，今天你喝多了。你怎么忽然有这样好菜？客人说从没有吃过这样菜。”本来要笑的他，听到这个话，样子更像猫儿了。他说：“今天我快乐。”

我说：“你应当快乐。”

他分辩，同我故意争持：“怎么叫做应当？我不明白！我从来没有今天快乐！我喝了半瓶白酒了！”

“明天又去买，多买一瓶存放身边，你到这里别的不有，酒总是应当要让你喝够量。”

“这样喝酒我从不曾有过。你说，我应当快乐，为什么应当！我常常是不快乐的！我想起老太爷，那种运气，快乐不来了。我想起大少爷，那种体格，也不能快乐了。我想起三少爷，我听人说到他一点儿，一个豹子，一个金钱豹，一个有脾气有作为的人，我要跟到他去革命打仗，我要跟他去冲锋，捏了枪，爬过障碍物，吼一声杀，把刺刀剸到北老胸膛里去。我要向他请教，手榴弹七秒钟的引线，应当如何抛去。

但同他们在一处的都烂了，都埋成一堆。我听到人家说，四期黄埔军官在龙潭作战的，下级军官都烂了，都埋成一堆。两个月从那里过身，还有使人作呕臭气味。三少爷好运气，仍然能够骑马到黄罗寨打他的野猪，一个英雄！我不快乐，因为想起了他不作师长。你呢，我也不快乐。你身体多坏。你为什么不——”

“早睡点好不好？我要做点事情，我心里不大高兴。”

“你瞒我。你把我当外人。我耳朵是老马耳朵，听得懂得，我知道我要吃喜酒，你这些事都不愿意同我说，我明天回去了。”

“你究竟听到什么？有什么事说我瞒你？”

“我懂我懂，我求你——你还不知道我这时的心里，搞成一团像什么样子！”

说到这里，这老兵哭了。那么一个中年人，一个老军人，一个……他真像一个小孩子哭了。但我知道这哭是为欢喜而流泪的。他以为我快要和刚走去不久的女人结婚。他知道我终久不能瞒他，也不愿意瞒他。他知道还有许多事我都不能缺少他。他知道这事情不拘大小，要他尽力的地方很多。他有了一个女主人，从此他的梦更坚固更实在的在那单纯的心中展开，欢喜得非哭不可了。他这感情是我即刻就看清楚了的。他同时也告给我哭的理由了，一面忙匆匆的又像很害羞的用那有毛的大手掌拭他的眼泪，一面就问我是什么日子，是不是要到吴瞎子处去问问，也选择一下日子，从一点俗。

一切事皆使我哭笑两难。我不能打他骂他，他实在又不是完全吃醉了酒的人。他只顽固的相信我对于这事情不应当瞒他；还劝我打一个电报，把这件好事即刻通知七千里外的几个家中人。他称赞那女人，他告我白天就同女人谈了一些话，很懂得这女人一定会是老太太所欢喜的好媳妇。

我不得不把一切真实，在一种极安静的态度下为他说明。

他望到我，把口张大着，听完我的解释，信任了我的话。后来看到他那颜色惨沮的样子，我不得不谎了他一下，又告他我另外有了一个女人，像貌性情都同这穿蓝衣的女人差不多。

可是这老兵，只愿意相信我前面那一段说明，对于后一段，明白是我的谎话。我把话谈到末了，他毫不做声，那黄黄的小眼睛里，酿了满满的一泡眼泪，他又哭了。本来是非常强健的身体，到这时显出万分衰弱的神情了。

楼廊下的钟已经响了十点。

“你睡去，明天我们再谈好不好？”

听到我的请求，这老兵，忽然又像觉悟了自己的冒失，装成笑样子，自责似的说自己喝多点酒，就像癫子，且赌咒以后一定要戒酒。又问我明天欢喜吃鲫鱼不。我不做声。他懂得我心里难过处。他望到桌上那一个建漆盘子里面的苹果皮，拿了盘子，又取了鱼的溜势，溜了出去，悄悄的把门拉拢，一步一步走下楼梯去了。听到那衰弱的脚踏着楼梯的声音，我觉得非常悲哀。这老年人给我的一切印象，都使我对于人生多一个反省的机会，且使我感觉到人类的关系，在某一情况下，所谓人情的认识，全是酸辛，全是难于措置的纠葛。这人走后，听到响过十二点钟，我还没有睡觉，正思索到这些琐碎人情，失去了心上的平衡。忽然听到楼梯上有一种极轻的声音，走到了门口，我猜得着这必定是他又来扰我了。他一定是因为我的不睡觉，所以来督促我上床了，就赶忙把桌前的灯扭小，就只听到一个低低的叹息起自门外。我不好意思拒绝这老兵好意了，我说：“你睡吧。我事情已经做完，就要睡了。”外面没有声音，待一会儿我去开门，他已经早下楼去了。

经过这一次喜剧的排场，老兵性格完全变更了。他当真不再买酒吃了，问他为什么缘故，就只说上海商人不规矩，市上全是搀火酒的假货。他不再同我谈女人，女客来到我处，好像也不大有兴味加以注意了。他对我的工作，把往日的乐观成分抽去，从我的工作上看出我的苦闷。我不做声时，他不大敢同我说及生活上的希望了。他把自己的梦，安置到一个新的方向上来，却仿佛更大方更夸诞了一点，做出很高兴的样子。但心上那希望，似乎越缩越小得可怜了。他不再责备我必须储蓄点钱预备留给一个家庭支配，也不对于我的衣服缺少整洁加以非难了。

我们互相了解得多一点。我仍然是那么保持到一种同世界绝缘的寂寞生活，并不因为气候时间有所不同。在老兵那一方面，由于从我这里，他得到了一些本来不必得到的认识，那些破灭的梦，永远无法再用一个理由把它重新拼合成为全圆，老兵的寂寞，比我更可怜了。关于光明生活的估计，从前完全由他提出，我虽加以否认，也毫无办法挫折他的勇气。

但后来，反而需要我来为他说明那些梦的根据，如何可以做到，如何可以满意，帮助他把梦继续来维持了。

但是那蓝衣女人，预备过北平结婚去了，到我住处来辞行。老兵听到女人又要到此吃饭，却只在平常饭菜上加了一样素菜，而且把菜拿来时节那种样子，真是使人不欢的样子。

这情形只有我明白。不知为什么，我那时反而不缺少一点愉快，因为我看到这老兵，在他身上哀乐的认真。一些情感上的固执，绝对不放松，本来应当可怜他，也应当可怜自己；但本来就没有对那女人作另外打算，因为老兵糊涂的梦，几几乎把我也引到烦恼里去，如今看到这难堪的脸嘴，我好像报了小小的仇，忘记自己应当同情他了。

从此蓝衣女人在我的书房绝了踪迹。而且更坏的是，两个青年男女，到天津都被捕了。我没有把这件事告过老兵，那老兵也从不曾问起过。我明白他不但有点恨那女人，而且也似乎有点恨我的。

本来答应同我在七月暑假时节，一块儿转回乡下去，因为我已经有八年不曾看过我那地方的天空，踹过我那地方的泥土，他也有了六年没有回去了。可是到仅仅只有十八天要放假的六月初，福建方面起了战事，他要我送他点路费，说想到南京去玩玩。我看他脾气越来越沉静，不能使他快乐一点，并且每天到灶间去做菜做饭，又间或因为房东娘姨欢喜随手拖取东西，常常同那娘姨吵闹，我想就让他到南京去玩几天也好。可是这人一去就不回来了。我不愿意把他的故事结束到那战事里去。他并不死，如许多人一样，还是活着。还是做他的司务长，驻扎到一个古庙里，大清早就同连上的火夫上市镇去买菜，到相熟的米铺去谈谈天，再到河边去买柴，看看拢岸的商船。一到了夜里，就在一个子弹箱上，靠一盏满堂红灯照着，同排长什长算火食账，用草纸记下那数目，为一些小小数目上的错误赌发着各样的咒，睡到硬板子的高脚床上去，用棉絮包裹了全身，做梦就梦到同点验委员喝酒，或下乡去捉匪，过乡绅家吃燕鹅。这人应当永远这样活到世界上，这人至少还能够在中国活二十年。所以他再不来信问候我，我总以为他还是活在这个世界上。

这就是我桌上有这样一盏灯的理由了。我欢喜这盏灯，经常还使用它。当我写到我所熟习的那个世界上一切时，当我愿意沉溺到那生活里面去时节，把电灯扭熄，燃好这盏灯，我的房子里一切便失去了原有的调子。我在灯光下总仿佛见到那老兵的红脸，还有那一身军服，一个古典的人，十八世纪的老管家——更使我不会忘记的，是从他小小眼睛里滚出的一切无声音的言语，对我的希望和抗议。

故事说完时，穿青衣服的女人，低低的叹了一声气，走到那桌子边旁去，用纤柔的手去摩娑那盏小灯。女人稍稍吃惊了，怎么两年来还有油？但主人是说过了的，因为在晚上，把灯燃好，就可在灯光下看到那个老行伍的声音颜色。女人好奇似的说到晚上要来试试看，是不是也可以看得出那司务长。显然的事，女人对于主人所说的那老兵，是完全中意了。

到了晚上，房间里，那旧洋灯果然放了薄薄光明。火头微微的动摇，发出低微的滋滋声音。用惯了五十支烛光的人，在这灯光下是自然会感到一种不同情调的。主人同穿青衣来客，把身体搁在两个小小圈椅里。主人又说起了那盏灯，且告女人，什么地方是那老兵所站的地方，老兵说话时是如何神气，这灯罩子在老兵手下又擦得如何透明清澈，桌上那时是如何混乱，……末了，他指点那蓝衣女人的坐处，恰恰正是这时她的坐处。

听到这个话的穿青衣女人，笑了笑，又复轻轻的叹着。过了好一会，忽然惋惜似的说：

“这人一定早死了！”

主人说：“是的，这人或许早死了，在我那些熟人心上，这人也死了的。但我猜想他还活在你的心上，他一定还那么可爱的活在你心上，是不是？”

“很可惜我见不着这个人。”

“他也应当很可惜不见你。”

“我愿意认识他，愿意同他谈谈话，愿意……”

“那有什么用处！不是因为见到，便反而会给许多人添麻烦么？”

女人觉得话说得稍过了头，有些事情应当红脸了。

于是两人在灯光中沉默下来。

另外一个晚上，那穿青衣的女人，忽然换了一件蓝色衣服来了。主人懂得这是为凑成那故事而来的，非常欢迎这种拜访。两人都像是这件事全为了使老兵快乐而做的，没有言语，年青人在一种小小惶恐情形中抱着接了吻。到后女人才觉得房中太明亮了点，问那个灯，今晚为什么不放在桌上。主人笑了。

“是嫌电灯光线太强么？”

“是要司务长看另外一个穿蓝衣服的人在你房里的情形。”

听到这个俏皮的言语，主人想下楼去取灯，女人问他：

“放在楼下么？”

“是在楼下的。”

“为什么又放到楼下去？”

“那是因为前晚上灯泡坏了不好做事，借他们楼下房东娘姨的。我再去拿来就是了。”

“是娘姨的灯吗！”

“不，我好像说过是一个老兵买的灯！”男子赶忙分辩，还说，“你知道这灯是老兵买的！”

“但那是你说的谎话！”

“若谎话比真实美丽……并且，穿蓝衣的人，如今不是有一个了么？”

女人承认：“穿蓝衣的虽有一个，但他将来也一定不让老兵快乐。”

“我完全同意你这个话。倘若真有这个老兵，实在不应当好了他。”

“真是一个坏人，原来说的全是空话！”

“可是有一个很关心他的听差，而且仅仅只把这听差的神气样子告给别人，就使人对于那主人感到兴味，十分同情，这坏人实在是……”

女人忍不住笑了。他们于是约定下个礼拜到苏州去，到南京去，男子还答应了女人，这旅行为的是探听那个老司务长的下落。

1929 年 5 月写成于吴淞